Culture générale et expression

BTS 1ʳᵉ année

ÉTONNANTS • CLASSIQUES

Culture générale et expression

BTS 1ʳᵉ année

*Présentation, choix des textes, notes,
dossier et cahier photos par*
Élise CHEDEVILLE,
*agrégée de lettres modernes
et professeur de culture générale et expression*

FLAMMARION

Les anthologies pour les BTS 2ⁿᵈᵉ année dans la collection « Étonnants Classiques »

Cette part de rêve que chacun porte en soi
Le Détour
Faire voir : quoi, comment, pour quoi ?
La Fête
Génération(s)
Paroles, échanges, conversations et révolution numérique
Rire : pour quoi faire ?
Le Sport, miroir de notre société ?

© Éditions Flammarion, 2013.
ISBN : 978-2-0812-8977-2
ISSN : 1269-8822

SOMMAIRE

■ **Présentation** 9

Culture générale et expression

1. Peut-on encore croire les médias ? 13
2. Les liens sociaux à l'heure du numérique 43
3. Faut-il fixer des limites à la science dans sa maîtrise de l'humain ? 73
4. Au cœur des banlieues 105
5. Peut-on être heureux au travail ? 137
6. Les rapports entre générations 165
7. Le sport est-il encore porteur d'un idéal ? 193
8. Quel est le rôle de l'homme dans l'avenir de la planète ? 219

Méthode (EP) p 268

2 sujets : p 41

▮ Dossier 253

Présenter un exposé	**255**
Analyser un texte d'idées	**257**
Analyser un texte littéraire	**259**
Analyser une image	**261**
Analyser un document chiffré ou un schéma	**263**
Construire une synthèse de documents	**264**
Rédiger une synthèse de documents	**267**
Répondre à un sujet d'écriture personnelle	**268**
Rédiger une lettre de motivation	**271**

▮ Table des chapitres 273

▮ Table des documents par genre ... 280

PRÉSENTATION

Ce volume a été conçu à l'attention des étudiants et des professeurs pour la première année de préparation du BTS. Il repose sur un équilibre entre la maîtrise d'une culture générale et l'acquisition de méthodes nécessaires à la réussite de l'épreuve d'examen située à la fin de la seconde année. Nous l'avons voulu vivant, complet et ouvert sur des problématiques actuelles. Il entend répondre aux recommandations formulées par les instructions officielles concernant l'enseignement de « culture générale et expression » : « donner aux étudiants la culture générale dont ils auront besoin dans leur vie professionnelle et dans leur vie de citoyen [et] les rendre aptes à une communication efficace à l'oral et à l'écrit » (*Bulletin officiel* du 16 novembre 2006).

Huit thématiques

Le présent ouvrage est constitué de huit thématiques variées et problématisées, favorisant le dialogue et la confrontation de documents de natures différentes.

Chaque sujet traité suit la même construction : une entrée dans le thème par une lecture de l'image se rapportant au cahier photos. Guidée par des questions, elle amène l'étudiant à formuler les problématiques associées au thème. Celles-ci sont ensuite nourries par un ensemble de documents, tous accompagnés de questions de compréhension et d'analyse. Chaque chapitre se clôt par des prolongements : sujets d'exposés ; entraînements à la synthèse de documents et à l'écriture personnelle ; enfin, suggestions de lectures et de films pour approfondir la réflexion.

Une ouverture culturelle variée

Les thématiques et documents choisis sont résolument tournés vers le monde contemporain, dont ils éclairent les grandes problématiques – le numérique, la bioéthique, la crise des banlieues, l'écologie... Regroupant plus d'une centaine de documents de genres textuels et iconographiques différents (essai, roman, poésie, théâtre, articles de presse, tableaux de statistiques, photographies, peintures, dessins de presse...), cet ouvrage entend alimenter la curiosité naturelle des étudiants, qui y trouveront des échos et des prolongements à leurs propres questionnements.

Un dossier méthodologique

En fin de volume, un dossier méthodologique synthétise les savoirs indispensables aux différentes épreuves que les étudiants rencontreront lors de leurs deux années de préparation au BTS : présenter un exposé, analyser un texte d'idées, un texte littéraire, une image, un schéma ou un document chiffré, rédiger une synthèse de documents et une écriture personnelle. En outre, il guide l'étudiant dans ses premières démarches professionnelles en listant les consignes à suivre pour la rédaction d'une lettre de motivation.

Nous espérons que ce volume fournira aux étudiants l'ensemble des outils qui leur permettront de développer leurs capacités et techniques d'expression, et de préparer dans les meilleures conditions possibles l'examen final. Nous souhaitons aussi qu'il leur apporte des connaissances qui, tout en enrichissant leur culture, les accompagneront dans leur vie personnelle et professionnelle, en développant leur sens critique et leur ouverture d'esprit.

Élise CHEDEVILLE.

1. Peut-on encore croire les médias ?

📷 Entrée par l'image
Photographies de Paul Hausen et de Nathan Weber prises le 19 janvier 2010 à Haïti (cahier photos, p. 1).
1. Réalisez des recherches sur les conséquences du séisme de 2010 à Haïti puis commentez la photographie de Paul Hausen. Quels sentiments fait-elle naître chez le spectateur ?
2. Confrontez à présent les deux images. Quels sont les éléments communs et ceux qui divergent ? Quel est le but visé par Nathan Weber ?
3. En quoi la confrontation de ces deux photographies nous fait-elle nous interroger sur l'éthique du journalisme et le crédit qu'on peut lui accorder ?

1. Pour une éthique de l'information

■ Document 1

Depuis 1918, le métier de journaliste possède un code de déontologie, c'est-à-dire un ensemble de règles destinées à assurer la respectabilité morale de la profession. L'établissement de cette charte fut l'acte fondateur du principal syndicat de journalistes français, le SNJ (Syndicat national des journalistes). Elle a été révisée en 1938 et réactualisée en 2011, sous le titre « Charte d'éthique professionnelle des journalistes ». Ce texte fait figure de référence, même s'il existe depuis 1971 une « Déclaration des devoirs et des droits des journalistes », appelée « Charte de Munich », adoptée par tous les syndicats de journalistes européens, définissant un ensemble de droits et de devoirs fondamentaux des journalistes.

Charte des devoirs professionnels des journalistes français

[...] un journaliste, digne de ce nom :
– prend la responsabilité de tous ses écrits, même anonymes ;
– tient la calomnie, les accusations sans preuves, l'altération des documents, la déformation des faits, le mensonge pour les plus graves fautes professionnelles ;
– ne reconnaît que la juridiction de ses pairs[1], souveraine en matière d'honneur professionnel ;
– n'accepte que des missions compatibles avec la dignité professionnelle ;
– s'interdit d'invoquer un titre ou une qualité imaginaires[2], d'user de moyens déloyaux pour obtenir une information ou surprendre la bonne foi de quiconque ;
– ne touche pas d'argent dans un service public ou une entreprise privée où sa qualité de journaliste, ses influences, ses relations seraient susceptibles d'être exploitées ;
– ne signe pas de son nom des articles de réclame[3] commerciale ou financière ;

---

1. *Pairs* : confrères.
2. Le journaliste ne doit pas se faire passer pour quelqu'un d'autre afin d'obtenir une information.
3. *Réclame* : publicité.

– ne commet aucun plagiat [1], cite les confrères dont il reproduit un texte quelconque ;

– ne sollicite pas la place d'un confrère, ni ne provoque son renvoi en offrant de travailler à des conditions inférieures ;

– garde le secret professionnel ;

– n'use pas de la liberté de la presse dans une intention intéressée ;

– revendique la liberté de publier honnêtement ses informations ;

– tient le scrupule et le souci de la justice pour des règles premières ;

– ne confond pas son rôle avec celui du policier.

Paris, juillet 1918, révisée en janvier 1938.

SNJ, « Charte des devoirs professionnels des journalistes français », www.snj.fr/spip.php?article65.

Compréhension et analyse
1. Quelles qualités la charte exige-t-elle des journalistes ?
2. Dès lors, quelle est la visée de ce texte ?

■ Document 2

Ancien rédacteur en chef du quotidien suisse francophone *La Tribune de Genève*, Daniel Cornu interroge l'essence et la fonction de la presse dans *Journalisme et Vérité*, publié en 1994 et réédité en 2009. Dans l'introduction de son essai, tout en rappelant la nécessité d'une visée éthique de l'information, il pointe du doigt les difficultés auxquelles se heurte cette dernière à notre époque, dans un monde médiatique en pleine mutation et alors que la liberté de la presse n'est pas respectée en tout point du globe.

---

1. Plagiat : fait de copier les écrits d'un autre auteur sans le mentionner.

Une éthique de l'information a-t-elle encore sa place dans un monde médiatique globalisé[1], soumis à une concurrence à outrance et plus que jamais déterminée dans ses évolutions par des impératifs commerciaux ? De nombreux indices suscitent l'inquiétude. L'information est traitée comme une marchandise. Un journalisme de marché tend à se substituer à un journalisme d'intérêt général. Le citoyen s'efface derrière le consommateur. La rentabilité économique d'un média oriente de manière décisive et souvent exclusive son projet éditorial. Les conditions de production de l'information découlent des objectifs et des moyens financiers des entreprises du secteur privé ou du service public. Elles sont plus ou moins propices à un « bon journalisme ». Dans leur aspiration à une pratique qui s'inspirerait des normes professionnelles et répondrait à des critères de qualité, les journalistes ne sont pas tous placés sur le même pied. Ils sont invités pourtant à se réclamer de règles analogues très largement partagées. Le décalage fréquent entre l'énoncé des normes professionnelles et leur application justifie à lui seul une réflexion sur la nécessité d'une visée éthique : comment dégager aujourd'hui la voie d'un journalisme fidèle à sa mission originale ?

L'attention portée dans les démocraties modernes à la prégnance[2] des impératifs commerciaux ne doit pas faire oublier non plus que la liberté de la presse est encore loin d'être également distribuée dans le monde. Une association comme Reporters sans frontières se charge inlassablement de dénoncer les pressions politiques, les exactions des pouvoirs, les atteintes à la liberté et à l'intégrité physique des journalistes. Or la liberté n'est pas seulement l'une des valeurs constitutives de l'éthique de l'information. Elle en est la condition même. Sans liberté, comment prétendre rechercher la vérité, valeur centrale de l'information ? Comment apprécier sereinement la relation

---

1. ***Globalisé*** : mondialisé.
2. ***Prégnance*** : prédominance.

toujours instable entre l'intérêt public à la diffusion d'une information et le respect dû aux personnes ?

Poser ces questions, c'est afficher d'emblée un projet de résistance. L'évolution qui est engagée n'est pas une fatalité. Elle n'oblige ni à la résignation ni à la démission. La résistance n'est pas pour autant conservatrice. Elle ne conduit pas à se réfugier dans un âge d'or du journalisme qui n'a sans doute jamais existé. Elle se veut au contraire ouverte aux changements. Les pratiques médiatiques ne cessent de se renouveler, sous l'influence d'innovations techniques inéluctables [1]. Qui prétendrait contrer un jour, au nom de principes moraux, le développement des images et de sa diffusion, l'extension des instruments de la communication, la démocratisation [2] planétaire de l'Internet ? Ni l'éthique, ni les normes déontologiques qui en découlent ne sont déclassées par ces changements. Elles sont au contraire même au défi d'y répondre. Au terme de la première décennie du XXIe siècle il leur appartient de définir les conditions d'un « bon journalisme » dans un monde médiatique en pleine mutation.

Daniel Cornu, *Journalisme et Vérité :*
l'éthique de l'information au défi du changement médiatique,
Genève, © Labor et Fides, 2009, p. 15-16.

Compréhension et analyse

1. Quels changements dans le monde médiatique Daniel Cornu souligne-t-il ? Qu'induisent-ils ?
2. Pour l'auteur, quel principe est à la source d'une déontologie de l'information ? Pourquoi ?
3. Selon l'auteur, une éthique de l'information a-t-elle encore une raison d'être au XXIe siècle ?

---

1. Inéluctables : fatales, inévitables.
2. Démocratisation : ici, fait de rendre accessible au plus grand nombre.

▲ Reporters sans frontières publie chaque année la liste des « prédateurs de la liberté d'informer » – hommes politiques ou religieux, organisations criminelles... – qui censurent et menacent les journalistes. En 2013, ils sont trente-neuf à y figurer. Pour sensibiliser l'opinion, l'ONG réalise des photomontages avec certaines de ces figures – ici, le président iranien Mahmoud Ahmadinejad (2005-2013) – adressant à la presse un geste significatif.

Document 3

Mort en 2007 à l'âge de 75 ans, le Polonais Ryszard Kapuściński appartient à la catégorie des grands reporters. Tout au long de sa carrière, il s'est exprimé sur son métier, son éthique, l'indépendance de la presse, le pouvoir de la télévision, les effets pervers de la course à l'information... *Autoportrait d'un reporter* réunit ses déclarations.
Dans les extraits que nous reproduisons, Ryszard Kapuściński rappelle l'idéal d'objectivité que doit viser le journaliste en dépit des difficultés auxquelles il se heurte sur le terrain, mais aussi l'idéal de vérité qui doit l'animer pour contrer toute possible manipulation de l'information.

Extrait 1

L'indépendance totale est évidemment l'idéal, mais la vie est loin d'être parfaite. Le journaliste est confronté à de nombreuses pressions pour qu'il écrive comme le veut son employeur. Notre profession est une lutte permanente entre les rêves, le désir d'indépendance et les situations réelles qui nous contraignent à respecter les intérêts, les points de vue et les attentes de notre patron.

Dans les pays où existe une censure[1], on se bat pour exprimer au maximum ce que l'on veut. Dans les pays où règne la liberté d'expression, la liberté du journaliste est limitée par les intérêts du journal pour lequel il travaille. Dans de nombreux cas, le journaliste, surtout quand il est jeune, doit consentir à des compromis importants et se réfugier dans une stratégie raffinée pour éviter un affrontement direct. Mais ce n'est pas toujours possible, et cela explique pourquoi il est en butte à tant

---

1. Censure : limitation de la liberté de la presse exercée par un État.

de persécutions. Ces persécutions se différencient bien sûr des méthodes violentes que l'on connaît ; elles prennent la forme de licenciement, de marginalisation [1] professionnelle, de menaces de nature économique. En général, c'est un métier qui exige une lutte et une vigilance permanentes. [...]

Au bout d'un certain nombre d'années de travail et de voyages, nous comptons tous, dans notre *curriculum*, au moins un cas où nous avons été personnellement persécutés, expulsés d'un pays, arrêtés, harcelés par la police ou les autorités ; on nous a, par exemple, refusé un visa ou on a essayé, par tous les moyens, de nous rendre la tâche difficile.

Extrait 2

L'essor des médias nous a mis face à l'un des problèmes éthiques les plus importants, celui de la vérité et du mensonge. Au Moyen Âge, le seul moyen de communication était la lettre. S'il mentait, le rédacteur de cette lettre trompait une personne précise. Puis Hitler a pu tromper quarante millions d'hommes, Staline deux cents millions. Aujourd'hui, certains programmes de chaînes télévisées sont regardés par un milliard de personnes. Si un mensonge s'y glisse, il sera multiplié par un milliard. Le poids de l'abus sera donc incomparablement plus grave. C'est pourquoi il est extrêmement important que des processus de démocratisation prennent le dessus dans le monde. Car seule la démocratisation est en mesure de limiter le champ d'action du mensonge. [...]

En ce début de XXIe siècle, les hommes ont l'impression qu'ils sont destinés à vivre dans un monde déchiré par les guerres. C'est faux. Quatre-vingt-dix-neuf pour cent de l'humanité vit tant bien

---

1. *Marginalisation* : mise à l'écart.

que mal, plutôt mal que bien, mais dans des conditions de paix. Sur notre planète, les lieux de conflits armés sont ponctuels. Ils s'élèvent à quelques dizaines, mais ce ne sont que des points. En observant le monde à travers le prisme[1] des médias qui se concentrent sur ces points brûlants, nous avons l'impression que la guerre fait rage partout, que la mort et l'extermination règnent en maîtres. L'homme est très réceptif à la suggestion, et la force de suggestion des médias est énorme.

La manipulation consciente est une autre sorte de manipulation. Aujourd'hui, les médias ont tendance à ne parler d'un événement que quand ils sont en mesure d'en expliquer les causes et d'y apporter toutes les réponses. Par exemple, la crise qui secoue le Kosovo[2] dure depuis huit ans, mais on n'en parle pas, jusqu'au moment où on prendra une décision pour régler le problème. L'information n'existe pas tant qu'aucune réponse n'est apportée à la question concernant les causes de l'événement.

Ryszard Kapuściński, *Autoportrait d'un reporter*,
trad. Véronique Patte, © Plon, 2008 ;
rééd. Flammarion, coll. « Étonnants Classiques », 2010,
p. 40-41 et p. 63-65.

Compréhension et analyse

1. Selon l'auteur, qu'est-ce qui empêche le journaliste d'être indépendant ?
2. Quelles sont les différentes sortes de manipulation que peut effectuer la presse ?

---

1. *Prisme* : ici, miroir déformant.
2. *Kosovo* : État des Balkans. Dans cette ancienne région de Serbie, une partie de la population, d'origine albanaise, réclamait son indépendance. L'opposition violente de l'État serbe a engendré un conflit armé et l'intervention de l'ONU en 1999, suivis d'une longue période d'instabilité.

■ Document 4

Dans ce dessin de Mutio, le personnage croque journaux, radios et caméras : le caricaturiste souligne les dérives de l'information devenue un produit de consommation comme un autre.

Compréhension et analyse

1. À quel type de produit de consommation est assimilée l'information ? Justifiez votre réponse.
2. Comment expliquez-vous ce rapprochement ? De nos jours, en quoi l'information peut-elle paraître mal préparée, voire indigeste ?

2. L'objectivité journalistique en question

■ Document 5

Sociologue et professeur au Collège de France, Pierre Bourdieu (1930-2002) explique dans l'extrait suivant les raisons pour lesquelles les médias d'information ne donnent qu'une vision partielle du sujet qu'ils traitent, dissimulant ainsi certains aspects de la réalité.

Je voudrais [montrer] comment la télévision peut, paradoxalement, cacher en montrant, en montrant autre chose que ce qu'il faudrait montrer si on faisait ce que l'on est censé faire, c'est-à-dire informer ; ou encore en montrant ce qu'il faut montrer, mais de telle manière qu'on ne le montre pas ou qu'on le rend insignifiant, ou en le construisant de telle manière qu'il prend un sens qui ne correspond pas du tout à la réalité.

Sur ce point, je prendrai deux exemples empruntés aux travaux de Patrick Champagne[1]. Dans *La Misère du monde*, Patrick Champagne a consacré un chapitre à la représentation que les médias donnent des phénomènes dits de « banlieue » et il montre comment les journalistes, portés à la fois par les propensions[2] inhérentes à leur métier, à leur vision du monde, à leur formation, à leurs dispositions, mais aussi par la logique de la profession, sélectionnent dans cette réalité particulière qu'est la vie des banlieues un aspect tout à fait particulier, en fonction de catégories de perception qui leur sont propres. La métaphore la plus communément employée par les professeurs pour expliquer cette notion de catégorie, c'est-à-dire ces structures invisibles qui organisent le perçu, déterminant ce qu'on voit et ce

---

[1]. *Patrick Champagne* (né en 1945) : sociologue français.
[2]. *Propensions* : inclinations, tendances.

qu'on ne voit pas, est celle des lunettes. Ces catégories sont le produit de notre éducation, de l'histoire, etc. Les journalistes ont des « lunettes » particulières à partir desquelles ils voient certaines choses et pas d'autres ; et voient d'une certaine manière les choses qu'ils voient. Ils opèrent une sélection et une construction de ce qui est sélectionné.

Le principe de sélection, c'est la recherche du sensationnel, du spectaculaire. La télévision appelle à la *dramatisation*, au double sens : elle met en scène, en images, un événement et elle en exagère l'importance, la gravité, et le caractère dramatique, tragique. Pour les banlieues, ce qui intéressera ce sont les émeutes. C'est déjà un grand mot... (On fait le même travail sur les mots. Avec des mots ordinaires, on n'« épate pas le bourgeois », ni le « peuple ». Il faut des mots extraordinaires. En fait, paradoxalement, le monde de l'image est dominé par les mots. La photo n'est rien sans la légende qui dit ce qu'il faut lire – *legendum* –, c'est-à-dire, bien souvent, des légendes, qui font voir n'importe quoi. Nommer, on le sait, c'est faire voir, c'est créer, porter à l'existence. Et les mots peuvent faire des ravages : islam, islamique, islamiste [1] – le foulard est-il islamique ou islamiste ? Et s'il s'agissait simplement d'un fichu, *sans plus* ? Il m'arrive d'avoir envie de reprendre *chaque mot* des présentateurs qui parlent souvent à la légère, sans avoir la moindre idée de la difficulté et de la gravité de ce qu'ils évoquent et des responsabilités qu'ils encourent en les évoquant, devant des milliers de téléspectateurs, sans les comprendre et sans comprendre qu'ils ne les comprennent pas. Parce que ces mots font des choses, créent des fantasmes, des peurs, des phobies ou, simplement,

---

1. L'*islam* est le nom qui désigne la religion des musulmans, fondée sur le Coran et prêchée par Mahomet ; *islamique* est l'adjectif qui s'applique à ce qui se rapporte à l'islam ; *islamiste* est un adjectif et un nom se rapportant à l'islamisme, mouvement politique et religieux qui prône le respect et l'expansion de l'islam.

des représentations fausses.) Les journalistes, *grosso modo*, s'intéressent à l'exceptionnel, à ce qui est exceptionnel *pour eux*.

Pierre Bourdieu, *Sur la télévision*,
© Raisons d'agir Éditions,
1996, p. 17-19.

Compréhension et analyse
1. Expliquez la métaphore des lunettes.
2. Selon l'auteur, sur quel principe repose la sélection de l'information par les médias ? Comment est-il mis en œuvre et quelles en sont les conséquences ?

■ Document 6

Dans l'extrait qui suit, Daniel Schneidermann (né en 1958) répond à Pierre Bourdieu (voir texte précédent) qui dénonçait le manque d'objectivité des journalistes, victimes de leurs présupposés. Journaliste lui-même, Daniel Schneidermann invoque l'impossibilité d'une quelconque impartialité, inhérente au métier lui-même.

Vous avez évidemment raison. Pratiquons au scalpel une coupe dans le cerveau d'un journaliste : nous y trouverons des milliers de présupposés. Comme aux boulangers, aux commissaires de police ou aux ménagères de moins de 50 ans, nos présupposés nous dictent nos actes, nos éditoriaux, nos reportages. Or, nous devrions être la catégorie sociale la plus apte à prendre conscience de ses présupposés. Un présupposé remonté à la surface à la force du poignet, auto-formulé, avoué à soi-même, cesse d'être un présupposé pour devenir un parti pris conscient, délibéré, et fièrement assumé – ou combattu. [...]

Et voilà les journalistes sommés par vous, comme un policier leur demanderait leurs papiers, d'« expliciter leurs présupposés ».

Vous touchez juste, Pierre Bourdieu : nous n'exposons presque jamais nos présupposés à nos lecteurs ou à nos téléspectateurs, tout simplement parce que nous ne les connaissons pas, et nous ne les exposons même pas à nous-mêmes. Personne ne nous a expliqué qu'il pourrait être intéressant d'y réfléchir et de les porter à la connaissance de notre public. Personne, dans les écoles de journalisme, ne nous a appris à enquêter sur nos présupposés. On nous a même appris que le « je » était haïssable.

L'idée même de présupposé ne nous effleure pas. Privilégiant le crime sadique plutôt que la dévaluation du rouble [1], le rédacteur en chef du « 20 heures » n'est même pas conscient d'opérer un choix. Le crime sadique « est » plus intéressant que la dévaluation du rouble. Plus ils vieillissent, plus ils sont en position de choix, plus les journalistes se cuirassent intellectuellement dans l'évidence des hiérarchies inculquées à l'école. Je me souviens de cette consœur de télévision à qui nous reprochions sur le plateau d'« Arrêt sur images [2] » de privilégier les faits divers au détriment de l'actualité étrangère et qui répliquait, pathétiquement sincère : « Mais il ne se passe pas grand-chose, en ce moment, à l'étranger ! » Cuirassée par sa pratique quotidienne, elle ne savait pas que c'était *elle* qui décidait que les événements étrangers n'étaient pas intéressants.

Voilà le journaliste. Il faut l'imaginer harcelé par les sommations [3] bourdieusiennes. Superficiel ! Suiviste [4] ! Cynique ! Connivent [5] ! Se défendre lui imposerait de passer outre au premier des commandements professionnels : ne pas se penser lui-même comme un sujet choisissant, ne pas parler de lui. Inimaginable. Certainement, s'il est une leçon à tirer de vos attaques,

---

1. Rouble : monnaie russe.
2. Arrêt sur images : émission de décryptage des médias, présentée et dirigée par Daniel Schneidermann de 1995 à 2007.
3. Sommations : injonctions, ordres.
4. Suiviste : qui se conforme à l'opinion d'autrui, dénué d'esprit critique.
5. Connivent : complice.

faut-il introduire dans les écoles de journalistes une nouvelle matière que l'on pourrait appeler la règle du « je », ou « le choix, c'est soi ». « Ouvrir » une page de journal sur telle information plutôt que telle autre, « attaquer » son article sur telle citation plutôt que telle autre : tout est choix, que le journaliste effectue notamment en fonction de ses présupposés.

Daniel Schneidermann, Du journalisme après Bourdieu,
© Librairie Arthème Fayard, 1999, p. 11-13.

Compréhension et analyse
1. Quelle différence l'auteur fait-il entre choix et présupposé ?
2. Selon lui, en quoi l'objectivité est-elle nécessairement inaccessible ?

■ Document 7

Ancien directeur de l'Institut français de presse, l'une des écoles de journalisme les plus prestigieuses, Pierre Albert (né en 1930) commence son essai *La Presse française* par la liste des caractères généraux et des spécificités de la presse française, parmi lesquelles le commentaire et l'analyse subjective.

Le journalisme français a toujours été plus un journalisme d'expression qu'un journalisme d'observation : il accorde la préférence à la chronique et au commentaire sur le compte rendu et le reportage. Autant qu'à la présentation des faits, il s'est toujours intéressé à l'exposé des idées ; autant qu'à l'analyse des situations, il s'est attaché à la critique des intentions et à la prévision des conséquences. Par là, il est fondamentalement différent du journalisme factuel anglo-saxon, selon lequel la nouvelle doit être nettement séparée de son commentaire, comme du journalisme analytique, quasi pédagogique, allemand, plus préoccupé de traiter des sujets que de décrire des faits. […]

1. Peut-on encore croire les médias ? | **27**

Depuis la fin de l'Ancien Régime[1], les journalistes français assimilent la liberté de la presse à la liberté d'expression et se sont assez peu préoccupés de la liberté d'investigation ou d'accès aux sources. Parmi les raisons qui peuvent expliquer ce goût naturel du journalisme français pour le jugement et l'analyse subjective, et son relatif mépris pour le témoignage « objectif » du reportage, on peut en retenir deux.

La première tient à ce que l'on peut appeler l'ambition littéraire des journalistes, qui se sont longtemps considérés plus comme des hommes de lettres en devenir que comme des observateurs des événements ; de fait, la partie culturelle et les œuvres de fiction dans le contenu des journaux ont toujours été, en France, relativement importantes par rapport aux articles d'actualité.

La seconde tient à l'histoire : la presse française, jusqu'à l'avènement de la IIIe République[2], a été soumise à une forte contrainte des autorités gouvernementales ; la liberté d'investigation des journalistes français s'en est trouvée largement limitée. L'État, fortement centralisé et exerçant, à la différence des États-Unis par exemple, une influence décisive dans tous les secteurs de la vie politique, économique et même culturelle, contrôlait les principaux réseaux d'information et était, par son administration et ses services diplomatiques, la principale source de nouvelles.

La presse française fut donc souvent contrainte de s'en remettre, pour l'essentiel, aux sources gouvernementales, et le moteur du journalisme fut non pas, comme aux États-Unis ou en Grande-Bretagne, la chasse aux nouvelles, mais la critique d'une information officielle. Dès le milieu du XIXe siècle, alors

---

1. *Ancien Régime* : régime politique monarchique de la France avant la Révolution.
2. *IIIe République* : régime politique démocratique de la France, de 1875 à 1940.

même que la tutelle officielle se desserrait progressivement, les services de l'Agence Havas [1], par leur abondance, perpétuèrent cette habitude et en firent une commodité. Encore aujourd'hui, il est clair que par l'étendue, la variété et la qualité de ses services, l'Agence France-Presse allège la charge des journaux et favorise leur tendance à traiter l'actualité au second degré, non celui de la collecte des faits mais celui de l'analyse réflexive et critique.

Lors même que, de nos jours, les journalistes français se réclament d'un journalisme « d'investigation » à l'américaine, ils s'en remettent, en fait, pour l'essentiel de leurs informations, à des sources institutionnelles. En amont, le journalisme se dilue de plus en plus dans les productions des différents services de « communication », c'est-à-dire de « relations publiques » des administrations, des partis, des entreprises ou des associations qui fournissent aux rédacteurs, en surabondance, de quoi satisfaire et orienter leurs articles. Par là, les journalistes sont de plus en plus sédentaires.

Pierre Albert, *La Presse française. Nouvelle édition*,
© La Documentation française, coll. « Les Études », 2008, p. 47-48.

Compréhension et analyse

1. Selon l'auteur, quelles sont les deux raisons qui expliquent le goût du journalisme français pour le commentaire et l'analyse subjective ?
2. La disparition de la censure y a-t-elle changé quelque chose ? Pourquoi ?

---

1. *Agence Havas* : agence de presse de 1832 à 1940 ; entreprise qui avait pour fonction de collecter, sélectionner et diffuser les informations aux journalistes. Elle donna naissance à l'Agence France-Presse, de nos jours l'une des trois plus grandes agences mondiales.

■ Document 8

Connu pour ses nouvelles fantastiques, l'Américain Edgar Allan Poe (1809-1849) collabora à divers journaux, en tant que rédacteur et critique littéraire. Grand admirateur du magazine anglais à forte audience *Blackwood's*, il tenta d'en adopter le ton dans ses livraisons. Dans ce récit, la narratrice, Miss Psyché Zénobia, projette de faire le succès de son magazine en y rédigeant des articles à sensation. Elle rencontre le fondateur et directeur du *Blackwood's* – M. Blackwood – qui lui explique comment écrire un bon article.

« Peut-être paraîtra-t-il prétentieux de ma part, Miss Psyché Zénobia, de vous renvoyer à un article ou à une collection d'articles, comme modèles d'étude ; cependant il me semble bon d'appeler votre attention sur quelques cas. Voyons. Il y a eu *Le*
5 *Mort vivant*, article capital ! – la relation [1] des sensations éprouvées par un gentilhomme dans sa tombe avant qu'il ait rendu l'âme – article plein de goût, de terreur, de sentiment, de métaphysique [2] et d'érudition [3]. Vous jureriez que l'écrivain est né et a été élevé dans un cercueil. Puis nous avons eu les *Confessions*
10 *d'un mangeur d'opium* – remarquable, bien remarquable ! splendide imagination – philosophie profonde – spéculation subtile – beaucoup de feu et de verve – avec un assaisonnement suffisant de choses carrément inintelligibles – une exquise bouillie qui coula délicieusement dans le gosier du lecteur. On voulait que
15 Coleridge [4] fût l'auteur de cet article, – mais non. Il a été composé par mon petit babouin [5] favori, Juniper, après une rasade de gin hollandais et d'eau chaude sans sucre. » (J'aurais eu de la

---

1. *La relation* : ici, le récit.
2. *Métaphysique* : philosophie consacrée aux causes premières et aux réalités transcendantes.
3. *D'érudition* : de culture, de savoir.
4. *Samuel Taylor Coleridge* (1772-1834) : poète et critique anglais.
5. *Babouin* : ici, jeune personne badine et étourdie.

peine à le croire, si tout autre que M. Blackwood m'eût assuré le fait.) « Puis il y a eu l'*Expérimentaliste involontaire*, qui roule en entier sur [1] un gentilhomme cuit dans un four, et qui en sortit sain et sauf, non sans avoir eu une terrible peur. Puis le *Journal d'un médecin défunt*, dont le mérite est de mêler à un langage d'énergumène [2] un grec indifférent [3], – deux choses qui attachent le public. Il y eut ensuite l'*Homme dans la Cloche*, un article, Miss Zénobia, que je ne saurais trop recommander à votre attention. C'est l'histoire d'un jeune homme qui s'endort sous la cloche d'une église, et est réveillé par ses tintements funèbres. Il en devient fou, et en conséquence, tirant ses tablettes, il y consigne ses sensations. Les sensations, voilà le grand point. Si jamais vous étiez noyée ou pendue, prenez note de vos sensations – elles vous rapporteront dix guinées [4] la feuille. Si vous voulez faire de l'effet en écrivant, Miss Zénobia, soignez, soignez les sensations.

– Je n'y manquerai pas, M. Blackwood, dis-je.

– Très bien, répliqua-t-il. Mais je dois vous mettre au fait des détails de la composition de ce qu'on peut appeler un véritable *Blackwood* à sensations – et vous comprendrez comment je considère ce genre de composition comme le meilleur sous tous rapports.

« La première chose à faire, c'est de vous mettre vous-même dans une situation anormale où personne ne s'est encore trouvé avant vous. Le four, par exemple, c'était un excellent truc. Mais si vous n'avez pas de four ou de grosse cloche sous la main, si vous ne pouvez pas à votre convenance culbuter [5] d'un ballon, ou être engloutie dans un tremblement de terre, ou dégringoler dans une cheminée, il faudra vous contenter d'imaginer simplement

---

1. *Roule [...] sur* : a pour sujet.
2. *D'énergumène* : exalté, emporté.
3. *Indifférent* : médiocre.
4. *Guinées* : pièces d'or britanniques en cours au XIXe siècle.
5. *Culbuter* : tomber.

quelque mésaventure analogue. J'aimerais mieux cependant que vous ayez un fait réel à faire valoir. Rien n'aide aussi bien l'imagination que d'avoir fait soi-même l'expérience de son sujet.
50 – La vérité, vous le savez, est plus étrange que la fiction – tout en allant plus sûrement au but. »

Edgar Allan Poe, « Comment s'écrit un article à la Blackwood » (1838), trad. Félix Rabbe, Albert Savine, 1887.

Compréhension et analyse
1. Quels sont les éléments communs aux faits divers choisis par M. Blackwood ?
2. Par quels procédés stylistiques ces faits extraordinaires sont-ils soulignés ?

3. La légitimité de l'information à l'heure du numérique

■ Document 9

Répondant aux questions de la journaliste Frédérique Roussel concernant son livre *L'Explosion du journalisme : des médias de masse*[1] *à la masse des médias*, Ignacio Ramonet (né en 1942), ancien directeur du *Monde diplomatique* (mensuel d'information et d'opinion), éditorialiste et théoricien de la communication, souligne que l'avènement du numérique s'est accompagné d'une « explosion » de l'information.

Frédérique Roussel : [...] Qu'entendez-vous par explosion ?
Ignacio Ramonet : Les médias dominants ont explosé au profit d'une masse des médias, dans un passage des médias-

---
1. *Médias de masse* : médias (presse, radio, télévision) qui s'adressent à un public très vaste.

soleil aux médias-poussière. Il y en a partout. Les amateurs ont accédé à l'expression avec une expertise au moins aussi grande que certains journalistes. Les spécialistes n'ont plus besoin d'intermédiaires. Qu'est-ce que le journalisme et qu'est-ce qu'un journaliste aujourd'hui ? Il suffisait de voir le JT de France 2 l'autre soir sur le Japon [1] : une majorité de vidéos prises par des citoyens français était diffusée. Le journaliste se justifie dans la mesure où il garantit l'information, par sa rigueur, la vérification, le contraste. Seulement, il se trouve aujourd'hui en concurrence avec l'ensemble des autres supports. Il est pris dans un affolement, dans la tyrannie de l'urgence. Et de plus en plus de médias sont tentés de conférer le statut de journaliste à n'importe quel témoin.

J'y vois notamment comme conséquence la disparition du journalisme d'investigation. De moins en moins de journaux ont les moyens de financer des enquêtes. Une initiative comme WikiLeaks [2] n'aurait pas été possible s'il y avait eu un vrai journalisme d'investigation. Elle vient combler une carence. En même temps, WikiLeaks a eu l'intelligence de s'associer avec de grands médias et de faire appel à l'expertise des journalistes pour contextualiser et vérifier. WikiLeaks a accepté l'idée qu'il y ait des journaux qui continuent à être des références.

F. R. : Les rédactions pourraient-elles disparaître ?

I. R. : C'est seulement une intuition. Les rédactions représentent l'âme du journal, une ébullition stimulante d'idées. Les journalistes en ligne n'ont pas besoin d'être réunis pour faire un journal. Regardez cette grève de deux ans au *Journal de Montréal*, le quotidien le plus vendu au Québec. Il a continué à paraître grâce à des non-journalistes et a même vu ses ventes

---

1. Allusion au tremblement de terre qui frappa le Japon en mars 2011, déclenchant un tsunami et l'accident de la centrale nucléaire de Fukushima.
2. WikiLeaks : association qui récupère les « fuites » d'informations essentiellement politiques et les diffuse.

augmenter. Un journal sans journalistes… Un choc énorme qui nous oblige à réfléchir. Il montre un scénario que pourraient envisager certains patrons pour les équipes rédactionnelles. Ils pourraient se dire que le plus facile, c'est de se passer des rédactions. Au *Huffington Post*[1], une grande partie du contenu provient de personnalités extérieures.

F. R. : Les fermes de contenus[2], ces plateformes d'articles soumis à la loi de l'offre et de la demande, représentent-elles une rivalité de plus ?

I. R. : Il y a aujourd'hui dans le monde des millions de personnes pour produire des textes experts sur des millions de sujets. Et prêtes à travailler pour rien, empiétant sur les prérogatives traditionnelles des journalistes. Des fermes de contenus comme Demand Media proposent des milliers de sujets par jour à des milliers de gens payés des clopinettes, ou comme Suite 101, rédigé par des centaines d'experts. Si les fermes de contenus ne concurrencent pas le journalisme aujourd'hui, c'est parce qu'elles ne diffusent que des infos pratiques et du service ; elles pourront demain se spécialiser dans de l'actualité générale…

Interview d'Ignacio Ramonet par Frédérique Roussel,
« Le journalisme est pris dans un affolement », © *Libération*, 18 mars 2011.

Compréhension et analyse

1. Quelle opposition établit l'auteur entre amateurs et journalistes ?
2. Quelle conséquence l'accession des amateurs à la parole médiatique a-t-elle sur la légitimité de l'information ?

---

1. *Huffington Post* : journal d'information américain, exclusivement numérique. Depuis janvier 2012, il en existe une version française.
2. *Fermes de contenus* : sites web publiant des contenus de faible valeur dans le but de générer des revenus publicitaires.

■ **Document 10**

Dans cet article, le journaliste Yves Eudes revient sur un cas de manipulation des journalistes et de l'opinion par le Web : l'arrestation en juin 2011 d'Amina, auteur du blog « Gay Girl in Damascus », se présentant comme homosexuelle et opposante au régime syrien, qui avait suscité l'émoi des journalistes – lesquels s'étaient faits l'écho de son histoire – et de la population. Mais la jeune femme n'existait pas.

En ce 6 juin, la blogosphère est en émoi. La veille au soir, la blogueuse syrienne Amina Abdallah Arraf, héroïne de la grande rébellion populaire contre la dictature, a été arrêtée à Damas, en pleine rue, par trois hommes armés, qui l'ont emmenée vers une destination inconnue. La nouvelle est publiée sur le blog d'Amina par sa cousine, Rania Ismail, qui décrit la scène en détail, et affirme qu'Amina était sur le point de rencontrer un « membre du Comité local de coordination » de la rébellion.

[…] Début mai, malgré les risques, Amina accepte de donner une interview au quotidien britannique The Guardian. Une rencontre est organisée avec une journaliste anglophone basée à Damas, qui signe ses articles sous le pseudo de Katherine Marsh, pour éviter d'être repérée et expulsée. Malheureusement, au dernier moment, Amina est obligée d'annuler le rendez-vous, pour des raisons de sécurité. Qu'importe, l'interview se fera par e-mail. Dans son article élogieux, publié le 6 mai, Katherine Marsh ne mentionne pas ce détail. Le texte est illustré par une photo d'Amina – une jolie brune au teint pâle – également envoyée *via* Internet. […]

Dans le même temps, Amina s'est fait une autre amie : Paula Brooks, célèbre lesbienne militante américaine, qui dirige depuis 2008 le webmagazine engagé *Lezgetreal.com*. Paula Brooks s'est imposée sur le Net comme une femme charismatique et autoritaire, exerçant une forte influence sur ses collaboratrices et ses lectrices. Grâce à l'entremise de *Lezgetreal*, Amina devient à partir d'avril une VIP de la mouvance lesbienne anglophone.

Dès l'annonce de son arrestation le 5 juin, ses amis se mobilisent, entraînant dans leur sillage une armée d'internautes de bonne volonté. Des dizaines de sites de soutien apparaissent, des pétitions circulent pour exiger sa libération : sur Facebook, Twitter, des blogs consacrés au Moyen-Orient, des magazines lesbiens, des forums féministes, et même des sites consacrés à la mode et à la diététique. Puis des dizaines de médias américains et européens viennent renforcer la campagne « Free Amina ». BBC Radio [1] diffuse même une interview très émouvante de la « girlfriend canadienne », qui fait bonne figure malgré l'angoisse. Des médias arabes se lancent à leur tour, notamment le quotidien *L'Orient-Le Jour* de Beyrouth dont un article est repris par *Courrier international*.

Pourtant, dès le lendemain de l'arrestation, l'ambiance change. Le buzz autour du blog d'Amina attire de nouveaux lecteurs, plus sceptiques. Ceux qui connaissent la Syrie relèvent des invraisemblances, d'autres remarquent que dans les derniers articles, la vie de la blogueuse, pleine de dangers, de coïncidences et de rebondissements, ressemble de plus en plus aux aventures d'une héroïne de bande dessinée. Des blogueurs et des journalistes américains lancent une enquête.

À Londres, une femme appelle le *Guardian* pour protester : elle s'est reconnue sur la photo illustrant un article sur Amina. Dans un premier temps, on refuse de la croire – cette nouvelle venue, qui dit s'appeler Jelena Lecic, fait peut-être partie d'un complot visant à détruire la réputation d'Amina. Puis le site du quotidien retire la photo et la remplace par une autre, également envoyée par Amina. Nouvel appel : la deuxième photo est aussi celle de Jelena Lecic. En fait, toutes les photos d'Amina circulant

---

1. *BBC Radio* : service public de radio du Royaume-Uni.

sur le Net font partie d'un album que Jelena Lecic avait publié sur Facebook, et que quelqu'un avait détourné, en 2010, pour créer un compte au nom d'Amina Abdallah Arraf. Déjà, à l'époque, Jelena Lecic avait protesté auprès de Facebook, qui avait fermé le faux compte. Mais l'affaire était passée inaperçue des médias.

Le coup de grâce est porté par Paula Brooks. Dans un premier temps, la patronne de *Lezgetreal* avait farouchement défendu la réputation de son amie, Amina, contre les sceptiques. Puis, cédant à ses tendances inquisitrices, elle avait pisté l'origine des e-mails privés envoyés par la blogueuse syrienne : le numéro IP[1] était celui d'un ordinateur situé à Édimbourg, en Écosse. Plus personne ne comprend le rôle de Paula Brooks dans cette affaire. Des blogueurs, intrigués par son revirement soudain, décident d'enquêter aussi sur son cas.

Le 12 juin, se sentant prise au piège, Amina craque : « Gay Girl in Damascus » publie un court article expliquant qu'il s'agit en fait d'une œuvre de fiction. Son auteur dit s'appeler Tom McMaster, un Américain de 40 ans vivant à Édimbourg, dont l'épouse mène des recherches universitaires sur la Syrie – d'où ses connaissances sur le sujet. Tom McMaster s'excuse brièvement, tout en se félicitant d'avoir sensibilisé un nouveau public à la situation en Syrie. [...]

À peine vingt-quatre heures après la confession de Tom McMaster, le scandale est éclipsé par un nouveau coup de théâtre. Les journalistes et blogueurs enquêtant sur les liens entre Paula Brooks et Amina Abdallah Arraf en arrivent à se demander s'il ne s'agit pas d'une seule et même personne. Sollicitée par le *Washington Post*, Paula Brooks explique qu'elle ne peut pas donner d'interview par téléphone car elle est sourde, mais que son père s'exprimera à sa place. Après deux entretiens,

---

1. *Numéro IP* : numéro d'identification de chaque ordinateur connecté à Internet.

le père avoue soudain : « Je suis Paula Brooks. » Amina Abdallah Arraf et Paula Brooks, les deux lesbiennes les plus célèbres de la blogosphère anglophone, étaient des hommes, chacun croyant duper l'autre.

Selon le site du *Washington Post*, Paula Brooks s'appelle en réalité Bill Graber. Il a 58 ans, il vit dans l'Ohio, il est marié et père de famille. Ce serait un ancien pilote de l'US Air Force devenu ouvrier de chantier. Paula Brooks serait le nom de sa femme.

Une seule chose semble sûre : les lesbiennes américaines et les rebelles syriens, un temps réunis, vont continuer leurs combats respectifs séparément.

Yves Eudes, « Un blogueur peut en cacher un autre »,
© *Le Monde*, 23 juin 2011.

Compréhension et analyse
1. En quoi y a-t-il eu double supercherie ?
2. Quel a été le rôle des médias dans cette manipulation de l'opinion ?

■ Document 11

Dans ce texte, le sociologue Dominique Cardon compare le mode de validation et de publication des informations par les médias traditionnels à celui d'Internet.

La légitimité *ex-post* [1]

[...] L'espace public traditionnel était *public* parce que les informations rendues *visibles* à tous avaient fait l'objet d'une sélection préalable par des professionnels obéissant à des

---

1. *Ex-post* : locution latine signifiant « après les faits ».

normes déontologiques qui se sont construites en même temps
que le droit permettant de punir, en les *invisibilisant*, les propos
contrevenants à ces règles. Ce mode de production de l'espace
public par les médias modernes d'information assurait donc
conjointement la visibilité et la publicité des énoncés.

Or ce que l'arrivée d'Internet met en jeu au regard de nos
conceptions traditionnelles de l'espace public relève justement
d'un découplage [1] entre ces deux notions. Des énoncés peuvent
être accessibles (c'est-à-dire potentiellement *visibles*) sans pour
autant se voir dotés immédiatement et intrinsèquement [2], par
défaut si l'on peut dire, d'un caractère *public*. En abolissant la
double épreuve de sélection des qualités des énonciateurs et de
contrôle *a priori* [3] de leurs énoncés, visibilité et publicité ne sont
plus empiriquement synonymes.

L'attribution d'un caractère d'importance à un énoncé ne
résulte pas d'une sélection préalable par un corps spécialisé,
mais est la conséquence d'une hiérarchisation *ex-post* effectuée
par les internautes en fonction de leur position dans la structure
des réputations sur la toile. C'est le travail effectué par les internautes pour lier les propos et leur conférer de la notoriété qui
produit cette forme de visibilité particulière dans laquelle les
propos « légitimes » sont ceux qui apparaissent « en haut » des
hiérarchies (des moteurs de recherche, des classement des blogs,
des fils d'actualité des portails d'information, des agrégateurs
de news [4], etc.). Les prises de parole qui restent collées « en bas »
de cette hiérarchie, non liées, donc pas ou à peine vues, ne
reçoivent pas le même caractère public.

C'est donc la lecture par les internautes et leur décision de
lier et de faire circuler cette prise de parole plutôt que celle-là,

---

1. *Un découplage* : une séparation.
2. *Intrinsèquement* : en eux-mêmes.
3. *Contrôle a priori* : contrôle qui a lieu avant la diffusion.
4. *Agrégateurs de news* : sites permettant de regrouper sur une seule page les actualités que l'internaute désire suivre.

c'est-à-dire la réception, qui désigne aux autres les propos dignes d'être reconnus comme ayant un caractère public et partageable.
35 Établir un lien, c'est émettre un vote. Les classements produits par ce processus de « hiérarchisation par la foule » ont certes un fondement numérique, mais cette numération ne procède pas, à la manière d'une mesure d'audience télévisée, d'une opération de consultation à base représentative. Il s'agit en fait d'une som-
40 mation [1] d'actions volontaires et plus ou moins « réfléchies ». Les hiérarchies numériques d'Internet somment des opérations actives d'appréciation et de jugement, et non pas des stimuli [2]. Ce mode de production des évaluations collectives sur Internet constitue, en quelque sorte, sa raison pratique et constitue l'un
45 de ses trésors les plus précieux... et les plus menacés.

L'écrasement de la diversité
En effet, ce mode de légitimation « par la foule » ne peut faire oublier la réalité autrement plus complexe et imbriquée de la formation de la notoriété sur Internet. La structure des liens entre sites donne à voir un paysage extrêmement inégalitaire et
50 hiérarchique. Les effets de la concentration des autorités (*hubs* [3]), des stratégies de visibilité développées par les acteurs et de la structuration inégale des liens sur la toile jouent un rôle décisif sur les classements dans l'univers numérique. L'implantation sur la toile des institutions de l'espace public traditionnel
55 (agences de presse, journaux en ligne, blogueurs influents proches du monde médiatique, portails des acteurs de l'Internet) structure fortement, par leur choix de publication et de mises en lien, la hiérarchie des énoncés les plus visibles. En conséquence, si l'on ne porte attention qu'au sommet de la hiérarchie des infor-
60 mations, l'agenda de l'Internet ne présente que des différences

---

1. *Sommation* : ici, addition.
2. *Stimuli* : agents extérieurs qui provoquent une réaction.
3. *Hubs* : mot anglais, ici au pluriel, qui signifie « concentrateurs » en informatique.

mineures avec celui de l'espace médiatique. L'Inte[...]tif ne ferait alors que reproduire les critères de [...] *gate-keepers* [1] traditionnels.

Dominique Cardon, « Vertus démocratiques de l'Inte[...]
© www.laviedesidees.fr, 10 novembre 2009.

> **Compréhension et analyse**
> 1. Quelle différence l'auteur fait-il entre ce qui est visible et ce qui est public ?
> 2. En quoi la nouvelle hiérarchisation de l'information sur Internet ne diffère-t-elle finalement pas totalement de celle que l'on rencontre dans l'espace médiatique traditionnel ?

Prolongements

Exposés
– L'évolution des différents supports d'information.
– Réseaux sociaux et information numérique : enjeux et problématiques.

Vers l'examen
Synthèse de documents : vous confronterez les documents 3, 4, 8 et 9 autour de la question de la légitimité de l'information.
Écriture personnelle : 1. Les médias sont-ils un miroir ou le reflet déformé de la réalité ? 2. Dans quelle mesure les nouveaux supports de l'information modifient-ils la pratique du journalisme ?

À lire
– Ryszard Kapuściński, *Autoportrait d'un reporter*, trad. Véronique Patte, Flammarion, coll. « Étonnants Classiques », 2010. [Voir *supra*, p. 19.]

---

1. *Gate-keepers* : personnes qui décident de la diffusion ou non d'une information (« garde-barrière », en anglais).

– Stieg Larson, *Millénium*, trad. Lena Grumbach, Marc de Gouvenain, Actes Sud, coll. « Babel », 3 vol., 2012-2013. [Rédacteur de la revue *Millénium*, Mikael Blomkvist est contacté par l'industriel Henrik Vanger pour enquêter sur la disparition de sa petite nièce. Secondé par Lisbeth Salander, jeune femme rebelle et *hacker* hors pair, le journaliste va-t-il réussir à résoudre l'affaire ?]
– Donald Westlake, *Faites-moi confiance*, trad. Marie-Caroline Aubert, Rivages, 1998. [Fraîchement diplômée, Sara Joslyn est employée au magazine *Galaxy-hebdo*. La jeune femme y apprend les ficelles du métier de « traqueur de scoops » : mensonges, montages et subornations sont de mise...]

À voir
Danis Tanović, *No Man's Land*, 2001. [Pendant la guerre de Bosnie, Ciki et Nico, deux soldats ennemis, se retrouvent pris au piège dans un *no man's land*. Avec l'aide d'un casque bleu, ils tentent de sauver leur vie... mais l'intervention des médias complique la situation.]

2. Les liens sociaux à l'heure du numérique

Entrée par l'image
Affiches des films de Nora Ephron, *Vous avez un message*, 1998, et de David Fincher, *The Social Network*, 2010 (cahier photos, p. 2).
1. Quel est le thème commun de ces affiches ? Justifiez votre réponse.
2. Relevez les éléments d'opposition entre vie réelle et vie numérique. Y a-t-il vraiment une séparation hermétique entre ces deux mondes ?
3. En quoi le numérique crée-t-il des liens sociaux différents ?

1. Des identités virtuelles

■ Document 1

Dans la nouvelle édition de son ouvrage *Sociologie des réseaux sociaux* parue en 2011, Pierre Mercklé, maître de conférence en sociologie, s'intéresse aux réseaux sociaux sur Internet. Étudiant leur développement, il met en lumière leur incidence sur la construction de l'identité.

Au terme d'une longue enquête longitudinale [1] au cours de laquelle presque une centaine de jeunes ont été interrogés pendant plus de dix ans sur les évolutions de leur sociabilité, Claire Bidart concluait que l'hétérogénéité [2] relative des réseaux personnels offrait à l'adolescent, puis à l'adulte qu'il devenait ensuite, « la possibilité de changer mais aussi de simplement rester ambivalent, sans qu'une trop grande cohésion et transparence dans son réseau le place devant des contradictions ouvertes ». Dans un premier temps, il a beaucoup été dit qu'Internet, en favorisant les liens faibles et donc l'hétérogénéité sociale, en donnant la possibilité à chacun de se présenter différemment sur différentes scènes sociales, permettait la variation intra-individuelle [3] des identités culturelles. Les discours n'ont pas manqué, de fait, sur la fragmentation et la « prolifération » des identités, sur l'apparition d'un « moi plus flexible, ouvert et multiple, ayant ainsi valeur de modèle pour le moi postmoderne [4], conçu comme un moi qui joue avec sa propre image, qui s'invente lui-même et peut aller jusqu'à induire les autres en erreur par sa capacité à manipuler les informations qui le concernent ».

Internet serait ainsi le lieu privilégié d'expressions identitaires carnavalesques [5] qui permettrait de rompre avec l'obligation d'être soi, les contraintes et la fatigue qu'elle est susceptible d'engendrer. C'est en tout cas une des raisons probables de l'engouement des adolescents pour ces nouvelles formes de communication : le téléphone portable et Internet sont chez eux

---

1. *Longitudinale* : qui prend pour objet d'étude les mêmes sujets sur une période plus ou moins prolongée de leur vie.
2. *L'hétérogénéité* : la diversité.
3. *Intra-individuelle* : au sein de l'individu.
4. *Postmoderne* : terme de sociologie historique qui renvoie à une nouvelle conception des sociétés occidentales contemporaines ; celles-ci se caractérisent par un éclatement de l'individu et de la collectivité, et un rapport au temps ancré dans le présent.
5. *Carnavalesques* : qui prennent la forme de déguisements successifs, par référence aux costumes du carnaval.

revêtus d'une valeur sociale qui dépasse de très loin leurs seules fonctionnalités techniques. Ils font désormais partie des ressources autour desquelles se négocie le passage entre l'enfance et l'adolescence, et leur valeur est donc en réalité liée à la fois à
30 de forts enjeux identitaires (qui se nouent autour du modèle du portable, de sa personnalisation, du carnet d'adresses, du pseudo, de la façon d'écrire), aux façons qu'ils ont d'outiller l'« aspiration à la tranquillité » des adolescents et à leur désir d'étanchéité entre la sphère amicale et la sphère familiale. Si
35 les nouvelles technologies de communication n'ont pas créé ces aspirations somme toute anciennes, elles ont néanmoins contribué à leur mise en œuvre.

Pierre Mercklé, *Sociologie des réseaux sociaux*,
© La Découverte, coll. « Repères », 2011, p. 90-91.

Compréhension et analyse

1. En quoi Internet permet-il d'adopter des identités différentes ? Pourquoi est-ce un enjeu important, pour les adolescents en particulier ?
2. En quoi les nouveaux moyens de communication (comme les téléphones portables, pas seulement Internet) sont-ils porteurs de forts enjeux identitaires ?

■ Document 2

Sur de nombreux sites et forums du Web, l'internaute interagit avec d'autres personnes à travers un avatar, c'est-à-dire une représentation de soi virtuelle. Dans cet article du site etrepatient.org, les chercheuses en hypermédia et communication Anna-Lou Bouvet et Laïla Douiri tentent de définir les implications sociales et psychologiques de la création d'avatars.

Par définition, un avatar c'est, entre autres, l'apparence que prend une personne dans un environnement graphique informatique (image dans un forum Internet, objet 3D dans un univers virtuel). Cette image peut illustrer autre chose que l'utilisateur lui-même.

On remarque que les avatars sont de différents types (abstraits, figuratifs, textuels…) qu'il serait intéressant de classifier dans une autre étude. Les avatars ont des esthétiques très différentes qui dépendent de plusieurs paramètres.

Tout d'abord, ils dépendent des contraintes imposées par le jeu/réseau/site qui propose souvent des générateurs d'avatars. Par exemple, dans le jeu *Les Sims*, la première étape est de se créer un avatar en utilisant une sorte de bibliothèque proposant plusieurs apparences, vêtements, traits de caractères, etc. On ne peut pas choisir d'incarner un dragon, l'avatar est préconçu pour être semblable à l'homme.

Ensuite, l'esthétique des avatars dépend de l'usage qu'on en fait. Par exemple, si je m'inscris sur un forum de discussion en tant que détracteur [1], je choisirai certainement un avatar qui ne me représente pas, afin de conserver mon anonymat.

Pour finir, ce qui détermine le plus le style qu'aura un avatar c'est les goûts de son créateur. Un peu à la manière de Pygmalion [2], celui-ci va créer son avatar selon son humeur du moment, ses fantasmes, sa stratégie.

Les avatars sont utilisés dans les MMORPG [3], les réseaux sociaux, les messageries instantanées, les forums de discussion, etc.

Selon Fanny Georges, docteur en études culturelles et post-doctorante au CNRS [4], « la communication assistée par ordinateur nécessite de créer une représentation de soi pour que s'établisse un échange avec un interlocuteur. Cette création

---

1. Détracteur : critique, opposant.
2. Pygmalion : sculpteur de la mythologie grecque qui tomba amoureux de la statue qu'il créa et qui représentait pour lui l'idéal féminin.
3. MMORPG : acronyme de l'expression anglaise *Massively Multiplayer Online Role Playing Games*, signifiant « jeux de rôle en ligne massivement multijoueurs ».
4. CNRS : Centre national de la recherche scientifique.

d'un autre soi-même sur le réseau peut pousser l'utilisateur à expérimenter différentes identités ; ce processus provoque une prise de conscience existentielle de sa relation à l'autre, et à
35 lui-même ».

Le sociologue Dominique Cardon nous propose une typologie très intéressante des différentes formes de présence en ligne sur le Web 2.0 et ce qu'elles induisent pour les individus qui les créent et les alimentent. Il détermine cinq formats de visibilité
40 organisés sur le duo identité numérique/type de visibilité recherchée. Il parle de la *lanterna magica* (se voir mais caché) où les participants prennent la forme d'avatars qu'ils personnalisent, dans le but de dissocier leur identité réelle de celle qu'ils endossent dans le monde virtuel. Cette division libère les contraintes
45 et facilite les nouvelles rencontres. [...]

Thomas Gaon, psychologue/clinicien, collaborateur à l'OMNSH[1], a théorisé cette idée de projection virtuelle de soi en expliquant l'importance de l'avatar dans le monde virtuel. En effet, le MMORPG, et de manière générale les mondes virtuels,
50 contiennent en leur sein et à plusieurs niveaux une multitude de désirs virtuellement réalisables, qu'ils concernent le narcissisme en général (être aimé, être beau), la toute-puissance (être immortel, invincible, le meilleur), la pulsion d'emprise (dominer, contrôler, posséder), la sexualité (être autre, séduire), la répara-
55 tion (protéger, soigner), ou de nombreux autres... Un des enjeux courants pour les adolescents masculins étant d'être ici, enfin, à la hauteur (gestion des instances de l'Idéal[2]), d'avoir une maîtrise personnelle sur l'environnement et d'être reconnu comme tel par la communauté (rites d'initiation et nouvelles identifica-
60 tions aux pairs[3]), fût-ce par l'intermédiaire d'un avatar.

© Anna-Lou Bouvet, Laïla Douiri, « Les Avatars :
affirmation de soi en ligne ou narcose narcissique ? »,
http://etre-patient.org, 28 décembre 2010.

---

1. *OMNSH* : Observatoire des mondes numériques en sciences humaines.
2. Allusion à la notion d'idéal du moi en psychanalyse. L'idéal du moi est une identité fantasmée que l'individu prend pour modèle.
3. *Pairs* : ici, individus partageant les mêmes valeurs, les mêmes codes.

> **Compréhension et analyse**
> 1. De quels critères dépend le choix d'un avatar ?
> 2. En quoi la projection virtuelle de soi relève-t-elle d'une démarche narcissique ?

■ Document 3

Dans son roman *Blog*, l'écrivain français Jean-Philippe Blondel (né en 1964) donne à entendre la colère d'un jeune narrateur dont le père a lu le blog. Vivant cette intrusion dans son intimité comme un « viol », l'adolescent décide de ne plus adresser la parole à son père. Dans l'extrait suivant, il explique pourquoi il tient son journal en ligne.

C'est pour ça aussi, le blog. J'en suis conscient. Pour conserver. Parce que j'ai peur que tout ne nous échappe. Ne nous file entre les doigts. Et qu'un jour, nous nous retournions et que nous nous apercevions soudain que nous évoluons au milieu
5 d'un désert et que le point de départ, notre oasis, est inatteignable désormais.

J'écris des trucs comme ça, sur mon blog. Parfois trop ampoulés. Trop dramatiques. Trop littéraires. À d'autres moments, trop factuels, trop près-du-gazon. Je mélange tout
10 – c'est une sorte de marmite dans laquelle je touille tous mes ingrédients, en espérant savoir en tirer une saveur unique. Et surtout « inoubliable ». Au fur et à mesure des années, je suis allé creuser de plus en plus profond. Je m'essaie à l'analyse des rapports humains. Je ne suis pas forcément doué mais au moins,
15 j'aurai essayé. J'ai passé mes histoires d'amour à la moulinette – et parfois à la moulinette explicite. Je conçois que ça paraisse un peu exhibitionniste – et ça l'est peut-être. Je trouve, moi, que ça fait partie de l'honnêteté. Certains commentateurs me trouvent un peu trash pour un mec de 16 ans seulement. Ils

disent que je pourrais quand même « y croire un peu » – être « davantage romantique ». Je ne réponds pas. La seule réponse possible, ce serait de leur couper l'accès à mes chroniques.

Je ne me mets pas en valeur. J'ai vu, en lisant d'autres blogs, que c'était un vrai risque. Le blog, ça te donne l'impression d'exister et d'être puissant, et de là à te prendre le melon, il n'y a qu'un pas – surtout quand ceux qui lâchent des coms [1] ne font que te brosser dans le sens du poil. Moi, j'ai opté pour l'angle inférieur – pour l'autodérision. Certains me font remarquer qu'en fait, c'est encore plus tordu. Que c'est de la fausse humilité pour se faire cajoler et vous savez quoi ? – je crois qu'ils n'ont pas tort. À chacun sa technique. La mienne, c'est de me déprécier constamment jusqu'à piquer la curiosité des lecteurs, pour qu'ils soient tentés de vérifier mes affirmations.

Évidemment, il y a aussi des articles qui concernent mes parents, même si je ne les nomme jamais et si mon pseudo protège leur anonymat. Des tentatives de me mettre à leur place. Des coups de colère contre eux, parfois.

Jean-Philippe Blondel, *Blog*, © Actes Sud Junior, 2010, p. 30-31.

Compréhension et analyse

1. En vous appuyant sur le texte, expliquez les fonctions que le narrateur attribue à son blog.
2. En quoi peut-on dire que, lorsqu'il écrit sur son blog, le narrateur module sa personnalité ? En quoi l'aveu de la distance qu'il établit avec son vécu est-il paradoxal ?

■ Document 4

Dans ce dessin paru sur son blog en 2012, Martin Vidberg pose avec humour deux problèmes propres aux liens créés par les

---

1. Coms : commentaires.

réseaux sociaux : l'identité des locuteurs et la confidentialité des échanges.

Compréhension et analyse

1. Quels personnages le dessinateur a-t-il représentés ? En quoi le recours à ces derniers dans une illustration des rapports sociaux à l'heure du numérique est-il significatif ? Pensez à leurs caractéristiques.
2. À quel problème le personnage de droite est-il confronté ? Quelle en est la raison ?

2. De nouveaux liens sociaux

■ Document 5

Les réseaux sociaux permettent de communiquer avec les profils des personnes que l'on choisit d'« ajouter comme ami » (Myspace, Facebook, Google+). Dans son essai sur la sociabilité numérique, le sociologue Antonio Casilli étudie la nature des relations qui se nouent dans ces réseaux sociaux. Peut-on parler de réelles amitiés ?

Ce que nous désignons conventionnellement par le nom « amitié » est un type de liaisons tout à fait spécifique aux environnements sociaux du Web.
En anglais, cette amitié assistée par ordinateur prend le nom de *friending*. Le néologisme désigne l'acte d'« amitier » ou de « devenir *friend* avec » quelqu'un. Un acte volontaire dont les motivations et les finalités peuvent être complètement différentes de celles de l'amitié hors ligne. L'Américaine danah boyd[1] (laquelle malgré son nom en minuscules est certainement l'une des plus grandes autorités en matière de médias sociaux) se demande : « Pourquoi tout le monde suppose que *friends* équivaut à "amis" ? » En réalité, le fait que des *friends* en ligne soient des « amis réels » ou qu'ils se plaisent un peu ne représente que l'une des raisons possibles – et certainement pas la plus commune – de leur choix. Il ne faut pas perdre cela de vue : le *friending* n'est pas un miroir de l'amitié en chair et en os. Il n'est pas une relation interpersonnelle entre deux individus unis par un sentiment réciproque. J'en veux pour preuve le fait

---

[1]. ***danah boyd*** : pseudonyme de Danah Michele Mattas, née en 1977, ethnographe spécialiste des réseaux sociaux.

qu'une bonne partie des médias sociaux (Twitter, Flickr, ou
Last.fm, pour n'en citer que trois) permettent à leurs utilisateurs
d'ajouter des « amis » à leur propre liste sans que ceux-ci fassent
nécessairement de même. Le *friending* est surtout un lien entre
deux profils d'usagers – un lien qui peut être unidirectionnel (je
peux regarder ton profil, mais tu ne peux pas regarder le mien)
ou bidirectionnel (l'autorisation à accéder aux données stockées
sur le profil est réciproque). Il s'agit avant tout d'un processus
technologique, avec ses spécificités et ses contraintes.

L'établissement d'un lien d'amitié entre deux usagers est
conditionné à un acte déclaratif fort : quelqu'un envoie une
requête officielle d'amitié à quelqu'un d'autre qui doit l'accepter
ou la refuser. Les traces écrites de cette convention entre deux
particuliers restent enregistrées dans le système. Il est inutile de
rappeler que, hors ligne, les choses se passent de façon complètement différente. Si notre quotidien ressemblait à Facebook,
nous serions constamment importunés par des inconnus qui
nous pousseraient du bout du doigt (c'est le fameux *poke*), qui
nous apostropheraient en disant : « Bonjour, je suis monsieur
Untel. Veux-tu m'ajouter comme ami ? Oui ou non ? », et qui ne
nous laisseraient en paix qu'après que, exaspérés, nous aurions
déclaré haut et fort : « Oui ! Maintenant, nous sommes amis ! »
Pour grotesque qu'elle puisse paraître, cette scène n'est qu'une
transposition de ce qui se passe chaque jour dans les médias
sociaux quand nous recevons une requête d'amitié. La question
« es-tu mon ami, oui ou non ? » est justement la pierre angulaire [1] du processus de composition des cercles sociaux en ligne.
En choisissant et en affichant publiquement ceux qui sont dans
leur cercle, les usagers se lient à d'autres membres du réseau
– notamment à des personnes éloignées de leurs milieux
habituels.

---

1. *La pierre angulaire* : le principe clé, fondamental.

À la différence de l'amitié, qui peut naître de l'habitude de la fréquentation ou bien d'un événement qui rapproche deux individus, le *friending* trouve son origine dans un acte déclaratif. Il affiche donc des marques d'officialité et de ritualité d'une obligation sociale : on reçoit un message, on répond, l'acte est public et reste enregistré dans un système informatique. La comparaison la plus claire, à mon avis, est celle du mariage. Dans un mariage aussi, nous avons deux individus qui déclarent leur intention d'avoir une relation spéciale, entraînant certains privilèges et devoirs réciproques. Dans le mariage aussi c'est une circonstance ritualisée, un cérémonial à l'église ou à la mairie qui cautionne et actualise la relation sociale. Les linguistes parlent d'« acte de parole » (*speech act*) : le fait même de déclarer quelque chose en détermine l'existence. C'est ainsi que l'officier de l'état civil qui déclare deux individus mariés ou le logiciel de *networking*[1] social qui déclare deux profils « amis » instituent un lien social.

Antonio A. Casilli, *Les Liaisons numériques :*
vers une nouvelle sociabilité ?, © Seuil,
coll. « La Couleur des idées », 2010, p. 270-273.

Compréhension et analyse

1. Quels arguments offre l'auteur pour expliquer que le *friending* n'est pas de l'amitié ?
2. Par quel acte de parole cette nouvelle relation se noue-t-elle ? En quoi est-elle paradoxale ?

■ Document 6

Dans son essai *La Démocratie Internet*, le sociologue Dominique Cardon (voir aussi p. 38) souligne que l'une des plus grandes singu-

---

1. *Networking* : constitution d'un réseau (mot anglais).

larités des nouveaux moyens de communication est de rendre publique la parole privée, entraînant ainsi le glissement d'une société de transparence vers une société de surveillance.

La porosité entre l'espace de la sociabilité et l'espace public se paie du risque de voir des informations personnelles exposées au regard de tous. À la « surveillance institutionnelle » de l'État et des entreprises, autour de laquelle s'organisait le débat sur les
5 données personnelles, se superpose aujourd'hui une « surveillance interpersonnelle » d'un nouveau type. Avec la démocratisation [1] des instruments d'observation que les plateformes relationnelles distribuent à leurs utilisateurs, l'exposition de soi est un risque que l'on prend d'abord devant ses proches, ses
10 voisins, ses collègues ou son employeur. Facebook est sans conteste l'emblème de ce nouveau panoptisme [2] horizontal. Les enquêtes auprès des étudiants montrent que, à leurs yeux, le risque réside d'abord dans les figures d'autorité qui leur sont proches – parents ou professeurs –, bien avant les entreprises et
15 le gouvernement.

La prophétie deleuzienne [3] du passage d'une société disciplinaire à une société de contrôle prend ici tout son sens, puisque, de manière décentralisée, chacun ne cesse de surveiller les autres et soi-même. Le contrôle politique ou marchand des traces
20 s'ancre de plus en plus profondément dans les pratiques des citoyens eux-mêmes. Comment les sensibiliser aux risques de la surveillance institutionnelle lorsque ceux-ci rendent eux-mêmes publiques des informations personnelles et développent une insatiable curiosité pour les faits et gestes des autres ?
25 En rendant plus plastiques et poreuses les formes de prise de parole, Internet favorise la circulation des informations, tout en

---

1. *Démocratisation* : voir note 2, p. 17.
2. *Panoptisme* : doctrine d'organisation sociale pour surveiller les individus.
3. *Deleuzienne* : de Gilles Deleuze (1925-1995), philosophe français.

▲ Le mouvement des Anonymous s'est fait le gardien de la liberté d'expression et de partage sur la Toile. Sur cette photo, un de ses membres, affublé de son masque de Guy Fawkes, participe à une manifestation dans le centre de Bruxelles, en janvier 2012, pour défendre l'Internet libre (contre un accord commercial anti-contrefaçon et anti-téléchargement illégal signé à Tokyo le même mois par vingt-deux pays membres de l'Union européenne, dont la France). Le collectif proteste aussi régulièrement contre ce qu'il appelle les « technologies de surveillance » qui infiltrent le Web (par exemple, les programmes analysant les liens et photos postés sur les réseaux pour adapter une publicité à leurs utilisateurs).

visant une plus grande « transparence » des sociétés. Il contribue à répandre tout un ensemble de contenus jusqu'alors retenus par des digues techniques, juridiques, institutionnelles ou com-
30 merciales. Cette libération des contenus bouleverse les frontières traditionnelles de l'économie de la connaissance et élargit l'espace de la critique en offrant de nouvelles sources à la vérification « citoyenne » ; mais elle s'accompagne aussi d'une intense circulation des informations sur les individus. Les internautes
35 prennent donc de plus en plus de risques avec leur vie privée. Les informations qu'ils laissent sur la Toile dans des niches conversationnelles peuvent ensuite être exploitées dans un tout autre contexte par l'administration, leur employeur ou une personne qui aurait à enquêter sur leur compte.

Dominique Cardon, *La Démocratie Internet : promesses et limites*,
© Seuil, coll. « La république des idées », 2010.

Compréhension et analyse
1. Selon l'auteur, pourquoi Internet signe-t-il la fin de la vie privée ?
2. En quoi entre-t-on dans une société de surveillance ?

■ Document 7

Avec la généralisation du téléphone portable dans les années 1990, une nouvelle pratique s'est développée : le télémessage, aussi connu sous le nom de « texto » ou « SMS ». Professeur de sciences de l'information et de la communication à l'université de Bourgogne mais aussi chroniqueur sur la société et les médias dans la presse nationale, Pascal Lardellier (né en 1964) analyse le succès des télémessages dans cet article daté de 2002. Jugé plus confidentiel et divertissant que l'e-mail et la conversation téléphonique, le SMS serait-il en train de révolutionner l'expression des sentiments ?

C'est le nouveau passe-temps branché, qui, discret et jubilatoire, a gagné, en quelques mois, tout à la fois cours d'amphi et réunions fastidieuses, transports en commun et mornes salles d'attente, soirées bruyantes, moments creux à remplir et instants euphoriques à partager : la mode des « textos » ou « SMS » (*Short messaging service*), ces courts messages (cent soixante caractères maxi) envoyés de particulier à particulier, de mobile à mobile. [...]

En fait, le succès des SMS et autres textos (les appellations varient selon les trois opérateurs français) s'explique par le fait qu'ils proposent une alternative relationnelle réelle aux autres modes de communication de la « nébuleuse NTIC » (Nouvelles technologies de l'information et de la communication). Pratiques et ludiques, spontanés et distanciés à la fois, polis, intimes et confidentiels, surtout, les télémessages conviennent idéalement aux nouvelles générations d'utilisateurs, pour qui la dimension ostentatoire [1] ou trop technique de ces nouvelles technologies est dépassée, heureusement supplantée par des modes d'appropriation et des codes d'utilisation allant vers plus de confort et de connivence [2], et bien moins de frime.

Ainsi, le caractère *a priori* austère de l'échange de textos, les contraintes dues à la frappe sur un clavier minuscule et au mode d'écriture, malhabile, s'avèrent peu de choses, dont on se joue, c'est le mot, au profit de l'aspect ludique des contextes d'échanges, souvent impromptus, voire clandestins. Car recevoir un SMS, c'est drôle, déjà techniquement : ça « bipe » ou ça « vibre » deux secondes, on découvre le message en même temps qu'on déchiffre ce clin d'œil par procuration, sur le tout petit écran lumineux. Envoyer un télémessage provoque une égale jubilation : choisir le bon mot ou l'abréviation juste, appuyer sur « Envoi », attendre fébrilement quelques secondes, enfin,

---

1. **Ostentatoire** : voyante.
2. **Connivence** : complicité.

pour savoir si l'interlocuteur a reçu le message en temps réel (grâce à un signal spécifique), et répond ou non... [...]

Les télémessages induisent réellement de nouveaux types de relations interpersonnelles, tout en rappelant surtout que les modes de réception de l'écrit et de l'oral donc du texte et de la voix sont fondamentalement différents.

Bien sûr, le contenu d'un petit pourcentage de textos amène à les considérer comme des aide-mémoire, de simples « *Post-it* téléphoniques ». La plupart d'entre eux, cependant, sont échangés entre copains, amis, et surtout amoureux. Là, ils permettent de cristalliser *via* ce canal une complicité implicite mais puissante, qui peut exister parallèlement aux rapports des personnes.

En ce sens, les SMS instaurent souvent une paradoxale distance intime, ainsi qu'une véritable intimité virtuelle. Désengagés et impliquants à la fois, ils se fondent sur une philosophie relationnelle du retrait et du respect (beaucoup sont envoyés afin de « ne pas déranger son interlocuteur par téléphone »). Ces petits haïkus [1] numériques recentrent le message sur l'essentiel, en période d'opulence communicationnelle et technologique. La timidité et la pudeur interdisent de dire par mail (asynchrone [2] et impersonnel) ou par téléphone (trop direct) certaines choses, qui « passent » sur les textos, même exprimées par euphémisme [3]. L'elliptique petite bouteille à la mer (quelques mots ou quelques lignes) sera lue, à charge pour le récepteur d'y répondre à son rythme, s'il le désire. Un mot d'amour, un remerciement, un compliment, une excuse ou un reproche envoyés par télémessage jugulent [4] les réactions impulsives ou la gêne, sans pour autant évincer – loin s'en faut – l'émotion. Surtout, le

---

1. *Haïkus* : au sens propre, courts poèmes japonais qui expriment très souvent le caractère évanescent des choses ou qui saisissent des impressions sur le vif.
2. *Asynchrone* : dont la réception est différée.
3. *Par euphémisme* : de manière atténuée.
4. *Jugulent* : empêchent, contraignent.

message est passé, quoi qu'on en fasse ensuite, qu'on en reparle ou pas ; là est l'essentiel.

Les SMS œuvrent en ce sens à l'avènement d'un nouveau romantisme relationnel, qui affleure, espiègle, de technologies qui devaient communiquer autre chose. Fonctionnant selon une temporalité qui peut être frénétique ou distanciée (à un texto, on réagit dans les vingt secondes ou les trois jours), les SMS assurent le primat d'autrui dans la relation, en recentrant chacun sur l'interaction. Pendant quelques secondes, on est tout à cet autre, absent et très présent pourtant, par le temps et l'attention qu'on lui consacre. On téléphone désormais en vaquant à mille activités ; écrire un texto nécessite au contraire de se « centrer », réhabilitant une forme d'osmose communicationnelle. À l'ère et à l'heure du tout-virtuel, les SMS vont aussi dans le sens d'une incorporation (*via* le vibreur) et d'une matérialisation de la relation : les fans de télémessages gardent leurs messages préférés longtemps en mémoire, petits mots intimes lus et relus pour pallier l'absence et raviver l'émotion.

Nouveau romantisme ? Alors que le sexe inonde le Net, l'amour « avec un grand A » submerge les petits écrans des textos. Un nombre de plus en plus important de ruptures, mais aussi de réconciliations, d'invitations intimes, de promesses transies et de déclarations enflammées empruntent la voie des télémessages, à défaut des voix téléphoniques. Tour à tour loquace[1] et muet, le cœur a ses réseaux, décidément, que la raison ignorera encore longtemps.

Pascal Lardellier, « Textos : la novlang du cœur »,
© *Libération*, 1er mars 2002.

Compréhension et analyse

1. Quelle est la thèse du texte ? À quels arguments l'auteur recourt-il pour la défendre ?
2. Selon vous, les SMS permettent-ils de renouveler l'expression des sentiments ? Justifiez votre point de vue.

---

1. *Loquace* : bavard.

■ Document 8

Né en 1960, le journaliste autrichien Daniel Glattauer a publié *Quand souffle le vent du nord* en 2006. Ce roman a paru en langue française en 2010. En voulant résilier son abonnement au magazine *Like*, Emmi Rothner envoie par erreur un e-mail à un inconnu, Leo Leike, et les deux êtres se prennent rapidement au jeu de l'échange numérique. Dans l'extrait suivant, Leo se livre à une réflexion sur le paradoxe d'une correspondance numérique qui pousse deux inconnus à se consacrer du temps et à se dévoiler l'un à l'autre, sans qu'ils veuillent se connaître *vraiment*.

Le jour suivant
[De Leo à Emmi]
Pas d'objet
Chère Emmi, avez-vous remarqué que nous ne savons abso-
5 lument rien l'un de l'autre ? Nous créons des personnages virtuels, imaginaires, nous dessinons l'un de l'autre des portraits-robots illusoires. Nous posons des questions dont le charme est de ne pas obtenir de réponses. Oui, nous nous amusons à éveiller la curiosité de l'autre, et à l'attiser en refusant de la satis-
10 faire. Nous essayons de lire entre les lignes, entre les mots, presque entre les lettres. Nous nous efforçons de nous faire de l'autre une idée juste. Et en même temps, nous sommes bien déterminés à ne rien révéler d'essentiel sur nous-mêmes. « Rien d'essentiel », c'est-à-dire ? Rien du tout, nous n'avons encore
15 rien raconté de notre vie, rien de ce qui fait notre quotidien, rien de ce qui est important pour nous.

Nous communiquons au milieu d'un désert. Nous avons sagement avoué quel était notre métier. En théorie, vous pourriez me faire un joli site Internet et moi établir de vous un
20 (médiocre) profil psychologique. C'est tout. Nous savons grâce à un mauvais magazine local que nous habitons dans la même

ville. Mais à part cela ? Rien. Il n'y a personne autour de nous. Nous n'habitons nulle part. Nous sommes sans âge. Nous sommes sans visage. Nous ne faisons pas la différence entre le jour et la nuit. Nous vivons hors du temps. Nous sommes retranchés derrière nos écrans, et nous avons un passe-temps commun : nous nous intéressons à un parfait inconnu. Bravo !

En ce qui me concerne, je vous fais un aveu : je m'intéresse énormément à vous, chère Emmi ! Je ne sais pas pourquoi, mais je sais qu'il y a eu à cela une occasion marquante. Pourtant, je sais aussi à quel point cet intérêt est absurde. Il ne survivrait pas à une rencontre, quels que soient votre apparence et votre âge, même si vous pouviez amener à un éventuel rendez-vous une bonne dose du charme considérable de vos mails et si l'esprit que vous montrez par écrit résonnait dans le timbre de votre voix, se cachait dans vos pupilles, dans les coins de votre bouche et dans vos narines. Je soupçonne cet « énorme intérêt » de ne se nourrir que du contenu de ma boîte mail. Il est probable que toute tentative de l'en faire sortir échouerait lamentablement.

Enfin, ma question la plus importante, chère Emmi : voulez-vous toujours que je vous envoie des mails ? (Cette fois, une réponse claire serait la bienvenue.) Je vous embrasse très fort, Leo.

21 minutes plus tard
RE :
Cher Leo, en voilà un long message ! Vous devez avoir beaucoup de temps libre. Ou bien est-ce que vos mails font partie de votre travail ? Pouvez-vous les déduire de vos impôts ? Êtes-vous payé en heures supplémentaires ? Je sais, j'ai la langue bien pendue. Mais seulement par écrit. Et seulement quand je ne suis pas sûre de moi. Leo, vous me faites douter de moi. Mais je suis sûre d'une chose : oui, je veux que vous m'écriviez encore des mails, si cela ne vous dérange pas. Au cas où je ne serais pas assez claire, je réessaie : OUI, JE VEUX !!! !!! DES MAILS DE

55 LEO ! DES MAILS DE LEO ! DES MAILS DE LEO. S'IL VOUS PLAÎT ! JE SUIS ACCRO AUX MAILS DE LEO ! Et maintenant, vous devez absolument m'expliquer pourquoi, n'ayant aucune raison de vous intéresser à moi, vous y avez été poussé par une « occasion marquante ». Je ne comprends pas, mais cela
60 a l'air très intéressant. Je vous embrasse très fort, et je rajoute un « très », Emmi. (PS : votre dernier message était très classe ! Sans une once d'humour, mais vraiment très classe !)

Daniel Glattauer, Quand souffle le vent du nord,
trad. Anne-Sophie Anglaret, © Éditions Grasset
et Fasquelle, 2010, p. 28-31.

Compréhension et analyse
1. En quoi ce texte reproduit-il les codes de l'échange électronique ?
2. Leo souligne avec justesse certains enjeux de ce type de correspondance. Quels sont-ils ?

3. Un usage plus démocratique de la parole ?

■ Document 9

Le sociologue Pierre Mercklé s'interroge ici sur l'influence réelle ou supposée d'Internet dans le champ politique. S'il est un vecteur de circulation et de démocratisation [1] des idées, peut-on pour autant annoncer l'avènement d'une nouvelle démocratie – une démocratie numérique ?

Un certain nombre d'auteurs ont pris très tôt argument des effets potentiels d'Internet [...] pour y voir le ferment possible

---

1. Démocratisation : voir note 2, p. 17.

de l'avènement d'une nouvelle forme de démocratie politique. Cette utopie politique technophile, à la fois, et sans contradiction, libérale et libertaire [1], voit en effet dans Internet un vecteur de démocratisation de l'accès à l'espace public, dans la mesure où l'anonymat facilite la prise de parole et où l'outil permet l'égalité formelle des participants au débat politique. Et il n'y a du reste là rien de fortuit ou d'accidentel : Internet n'aurait en réalité pas engendré cette poussée démocratique, ce serait plutôt elle qui aurait engendré Internet, puisque, historiquement, le « réseau des réseaux », comme on le nomme parfois, est clairement né de la rencontre entre la contre-culture américaine des années 1960-1970 [2] et l'élitisme méritocratique [3] du monde de l'université et de la recherche.

Deux décennies plus tard, il est indéniable que certains des nouveaux usages d'Internet (blogs, groupes et forums de discussion, réseaux sociaux...) se révèlent particulièrement en phase avec de nouvelles formes de citoyenneté politique caractérisées par la contestation des élites et la confiscation de l'autorité au nom de la compétence, et donc par le refus de déléguer les prises de décision aux élus et aux « experts ». Internet pourrait avoir pour effet, de ce point de vue, de défaire les monopoles informationnels sur lesquels reposait jusque-là le pouvoir des experts. Internet s'est de fait imposé au cours des dernières années comme une nouvelle arme importante dans l'arsenal militant. Les réseaux sociaux constituent un levier puissant de l'action collective, engendrant de nouvelles formes de « médiactivisme [4] » mobilisées de façon plus ou moins ordinaire par les petits

---

1. *Libertaire* : qui va dans le sens de la liberté absolue.
2. Ce mouvement s'est formé en réaction aux normes morales américaines, aux discriminations contre les minorités (ethniques, sexuelles, etc.) et à la guerre du Viêtnam.
3. *Élitisme méritocratique* : sélection et valorisation des individus qui possèdent le plus de compétences.
4. *Médiactivisme* : utilisation de médias alternatifs pour diffuser des idées.

groupements politiques (dont ils facilitent la coordination et améliorent la communication extérieure, notamment par le biais des pétitions en ligne), et de façon plus exceptionnelle par les formations de premier plan, en particulier pendant les grandes campagnes électorales – comme en témoigne le rôle joué par Internet dans la campagne électorale de Barack Obama en 2008, ou à une échelle plus modeste dans celle de Ségolène Royal en 2007.

Ces modifications suffisent-elles à conclure qu'Internet « élargit formidablement l'espace public et transforme la nature même de la démocratie » ? Faut-il aller jusqu'à parler, comme le font certains auteurs, de « démocratie 2.0 [1] » ? Il semble que, là encore, il faille faire preuve de mesure et envisager ensemble les promesses et les limites de la « démocratie Internet », comme y invite d'ailleurs le sous-titre du livre de Dominique Cardon [2]. Internet n'est pas un média comme les autres : l'articulation qu'il établit en effet entre échanges interpersonnels (dans le prolongement du courrier et du téléphone) et communication de masse (dans le prolongement de la radio et de la télévision) est en grande partie inédite, et engendre une « communication interpersonnelle de masse » dont il faut analyser patiemment les effets sur la définition même de l'espace public. Que se passe-t-il quand la frontière entre conversation privée et information publique s'efface ? Le risque est réel de voir ce nouvel espace politique investi par des débats qui procèdent plus par affirmations que par argumentations, se contentent de juxtaposer des monologues, ou confrontent accidentellement (par exemple, dans les forums de commentaires des sites Internet des médias traditionnels) des positions tellement antagoniques [3] qu'elles ne

---

1. Allusion au « Web 2.0 » (deuxième version), dont le contenu est créé majoritairement par les internautes.
2. Dominique Cardon, *La Démocratie Internet : promesses et limites*, Seuil, coll. « La République des idées », 2010.
3. *Antagoniques* : opposées.

peuvent que tourner à l'échange d'injures ; le risque contraire est tout aussi réel : Cass Sunstein [1] montrait ainsi, il y a déjà dix ans, que le débat politique sur Internet réunit essentiellement des gens aux opinions proches et qui fréquentent les mêmes sites. De façon plus générale, le risque fondamental réside justement dans ce mélange des sphères publiques et privées des individus, de l'expression et de la conversation, qui caractérisent la communication interpersonnelle de masse, et que pointe très précisément la formule de Dominique Cardon, « Internet pousse les murs tout en enlevant le plancher ». Autrement dit, il élargit l'espace public, mais en y aspirant une partie des sphères privées des individus, ce qui constitue indéniablement un risque démocratique majeur.

Pierre Mercklé, *Sociologie des réseaux sociaux*,
© La Découverte, coll. « Repères », 2011, p. 87-88.

Compréhension et analyse

1. Selon l'auteur, en quoi Internet offre-t-il une nouvelle forme de citoyenneté politique ?
2. Pour autant, pourquoi constitue-t-il un « risque démocratique majeur » ?
3. En quoi le Web brouille-t-il les frontières entre parole privée et parole publique ?

Document 10

Dans son article, le sociologue Fabien Granjon synthétise l'état de la recherche sur le rôle d'Internet et des réseaux sociaux dans les mouvements récents de contestation. En 2011, lors des révolutions du « printemps arabe », Twitter et Facebook ont permis la mobilisation des opposants aux régimes dictatoriaux ; en Europe et aux

---

1. *Cass Sunstein* (né en 1954) : juriste et philosophe américain.

États-Unis, Internet a été l'outil principal des « indignés » ou d'« Occupy », qui revendiquaient plus de démocratie et d'égalité sociale. « Le Web fait-il les révolutions » ou n'en est-il qu'un actant[1] ?

Les révolutions arabes ont confirmé le rôle d'Internet et des réseaux sociaux dans les contestations politiques contemporaines. Mais qu'apportent vraiment ces technologies aux mobilisations ?

5 Les révolutions arabes l'ont définitivement établi : les capacités d'expression, d'organisation et de mobilisation ouvertes par Internet jouent un rôle non négligeable dans la construction et la réussite de certains conflits sociaux. Si c'est aller bien vite en besogne que d'affirmer, comme cela a pu être le cas pendant 10 l'hiver 2011, que Twitter et Facebook avaient fait la révolution à Tunis ou au Caire, le rôle du Web participatif dans les mobilisations collectives mérite que l'on s'y intéresse de près. [...]

Quand il est patent[2] que ni l'État ni les médias de masse[3] n'autorisent l'auto-organisation politique de la société, ni même 15 la possibilité d'opinions critiques autonomes, les potentiels de résistance tendent à s'exprimer sur Internet. Non parce que l'engagement y serait plus aisé ou plus confortable, mais plutôt parce que le réseau des réseaux permet de s'adresser à un public élargi, composé de sujets interconnectés, avec qui l'on peut 20 échanger sur le mode de la conversation et qui sont susceptibles de s'associer à des projets politiques critiques.

En dehors des cas de censure[4] les plus explicites, les mobilisations en ligne se construisent (tout) contre l'espace public médiatique dominant, dans une volonté de réarmer l'opinion

---

1. *Actant* : élément fonctionnel qui fait ou subit l'action.
2. *Patent* : évident.
3. *Médias de masse* : voir note 1, p. 32.
4. *Censure* : voir note 1, p. 19.

publique et d'augmenter la capacité de pression des citoyens. Elles s'appuient alors sur la dimension participative du Web afin de faire émerger des arènes publiques où se donnent notamment à voir des expressions alternatives aux formes narratives des médias dominants. On y constate ainsi une part plus grande de subjectivité : énonciation à la première personne, investissement d'affects [1], détournements ironiques, etc. marquent le ton des informations et des conversations d'Internet. Ces nouveaux formats se nourrissent également d'un affaiblissement de la frontière entre information et divertissement, entre culture de masse et culture politique, à l'instar du film *The French Democracy* [2] qui met en scène dans un environnement de jeu vidéo les préjugés racistes de la police française au moment des émeutes de banlieue de 2005.

Ces arènes peuvent être appréhendées comme une forme de réponse citoyenne à l'évolution de l'espace public médiatique dominant. Celui-ci tend à soumettre ceux qui ont la prétention d'y participer à des contraintes de sélection importantes, réservant la prise de parole à un petit nombre de figures « médiatiques », et à envisager ses publics comme de simples destinataires. Les arènes numériques rompent avec cette logique. Contrairement au rôle que jouent les publics silencieux des médias de masse dominants, ceux des mobilisations typiques du Web participatif sont dotés de capacités d'intervention et de réaction susceptibles de les rendre plus actifs, plus curieux et plus critiques. La diffusion d'une information, d'un lien ou d'un document audiovisuel sur Facebook ou Twitter s'enrichit en effet des appréciations, des traits d'humour, des approbations ou désapprobations [3] des internautes. Le bruissement des critiques et

---

1. *Affects* : émotions.
2. Il s'agit d'un court métrage diffusé sur Internet en 2006 et réalisé par Alex Chan, un jeune habitant de La Courneuve (Seine-Saint-Denis).
3. *Désapprobations* : avis défavorables.

des commentaires ne s'exprime ainsi plus seulement dans les coulisses de la sphère privée. Elle est désormais indissociable de la communication et de la circulation d'informations sur les « sites de discussion et de partage » comme les définit Mark Deuze[1].

Il importe néanmoins de saisir la portée effective de ces alternatives. Certains mouvements populaires récents tendraient à démontrer que ces investissements en ligne, décentralisés, immédiats et réactifs, participent à l'intéressement de nouveaux publics. Ils semblent, par exemple, pouvoir donner naissance à des formes d'association citoyenne quittant les écrans pour investir la rue, comme cela a pu être le cas à Tunis, au Caire ou, récemment, à Madrid[2]. Mais encore faut-il rappeler, d'une part, que ce qui se présente comme une conversion vers l'action politique hors ligne dépend de dynamiques préalables (un mécontentement, une crise, etc.) et, d'autre part, que son succès tient également à d'autres logiques (comme l'établissement de rapports de force) qui n'ont que peu à voir avec Internet. Le réseau des réseaux peut être un fabuleux catalyseur[3], mais n'est certainement pas la cause, ni même l'élément principal de l'action collective.

Fabien Granjon, « Le Web fait-il les révolutions ? »,
© *Sciences humaines*, août-septembre 2011, n° 229.

Compréhension et analyse

1. Selon l'auteur, en quoi l'« arène numérique » offre-t-elle une plus grande capacité d'expression ?
2. Pourquoi Internet n'est-il toutefois qu'un « catalyseur » ?

---

1. *Mark Deuze* (né en 1969) : professeur d'université ; il enseigne le journalisme et les nouveaux médias.
2. Allusion au « mouvement des Indignés » espagnol, qui organisa de grandes manifestations en mai 2011.
3. *Catalyseur* : élément permettant une réaction.

■ Document 11

Le groupe No One Is Innocent souligne dans cette chanson le problème de l'engagement politique dans un univers virtuel.

On voudrait que ça gronde
Sans agiter ses ailes
Voici le nouveau monde
Des combattants virtuels
5 Welcome sur le forum
De revolution.com
De l'action par e-mail
Des pavés de pixels
La souris se déplace
10 Elle se bouge à ta place

[Refrain]
Revolution.com
Comme ça manque de sueur
[Refrain]

15 On voudrait de l'air
De l'oxygène en stock
Et puis changer le monde
Sans changer l'univers
L'internationale
20 Piégée dans la toile
C'est quoi l'action par e-mail
Des molotovs sans cocktails
La souris se déplace
Elle se bouge à ta place

25 [Refrain]

Voici le nouveau monde
De l'action.com

La souris se déplace
Elle livre à ta place

30 Comme ça manque de sueur

[Refrain]

> « Revolution.com », *Revolution.com*, AZ/Universal, 2004.
> Paroles de Marc Gulbenkian, Emmanuel de Arriba. DR.

Compréhension et analyse
Comment le paradoxe de l'engagement politique numérique transparaît-il ? Étudiez en particulier le jeu d'oppositions et la personnification de l'univers numérique présents dans le texte.

Prolongements

Exposés
– Facebook.
– Le rôle des réseaux sociaux lors du printemps arabe.

Vers l'examen
Synthèse de documents : vous confronterez les documents 9, 10 et 11 autour de la question de l'engagement virtuel.
Écriture personnelle : 1. Quel est l'impact des nouvelles technologies sur les liens sociaux ? 2. La relation virtuelle est-elle une vraie relation ? 3. Aujourd'hui, la citoyenneté passe-t-elle par les nouveaux moyens de communication ?

À lire
– Jean-Philippe Blondel, *Blog*, Actes Sud Junior, 2010. [Voir *supra*, p. 48.]
– Daniel Glattauer, *Quand souffle le vent du nord*, trad. Anne-Sophie Anglaret, Le Livre de Poche, 2010. [Voir *supra*, p. 60.]

👁 À voir

– **Nora Ephron**, *Vous avez un message*, 1998. [Shopgirl et NY 152 communiquent chaleureusement sur le Net. Mais dans leur vie professionnelle, Kathleen, la petite libraire de quartier, et Joe, le requin de librairie de grande surface, se détesteraient...]
– **David Fincher**, *The Social Network*, 2010. [L'histoire de Mark Zuckerberg et de l'invention de Facebook. Entre invention révolutionnaire et conflits passionnés, un film captivant sur une des idées phares du XXIe siècle et une personnalité hors du commun.]

3. Faut-il fixer des limites à la science dans sa maîtrise de l'humain ?

Entrée par l'image
Affiche du film d'Andrew Niccol, *Bienvenue à Gattaca*, 1997 (cahier photos, p. 3).
1. Quels éléments se rapportent à la génétique dans cette affiche ?
2. Pourquoi cette affiche peut-elle faire naître un sentiment d'angoisse ?
3. Quels sont les aspects du débat actuel sur la bioéthique auxquels elle renvoie ? En connaissez-vous d'autres ?

1. La procréation humaine en question

■ Document 1

En France, les recherches scientifiques sur la génétique et la procréation sont régies par les lois de bioéthique promulguées en 1994 et modifiées la première fois en 2004. Un texte révisant ces lois a été présenté à l'Assemblée nationale en février 2011 et adopté en juillet de la même année. La journaliste Hélène Bry rapporte les évolutions permises par les nouvelles dispositions légales et les points d'achoppement du débat parlementaire.

Les jeunes femmes sans enfants pourront donner leurs ovules. Aujourd'hui, seules les femmes déjà mères peuvent faire don de leurs ovocytes [1]. Une manière d'éviter que, plus tard, un désir d'enfant inassouvi ne les pousse à rechercher désespérément celui ou celle qui porte leurs gènes. « Nous avons un vrai problème, confesse Jean Leonetti [2], on manque de donneuses, et donc beaucoup de Françaises vont en Espagne acheter des ovocytes. Pour stimuler les dons en France sans les monnayer, il a fallu qu'on trouve un artifice [3] : autoriser ces femmes qui n'ont pas eu d'enfants à donner leurs ovules et, en contrepartie, garder au frais leurs propres ovocytes, pour préserver leur fertilité future. » Une disposition destinée à préserver coûte que coûte la gratuité des gamètes [4] en France.

Feu vert à la vitrification des ovocytes. Cette technique alternative à la « congélation lente », qui permet notamment de préserver la fertilité future des jeunes femmes cancéreuses, devrait être autorisée en France. D'abord, sans doute, pour motiver les jeunes femmes à donner leurs jeunes ovules en échange de la vitrification des leurs. Il semble aussi que les lobbys chrétiens aient en tête de présenter cette technique comme une alternative à la congélation d'embryons [5] qui les choque éthiquement. Mais les plus éminents spécialistes de la fécondation *in vitro* [6] martèlent que la congélation embryonnaire reste de loin la meilleure technique pour aider les couples infertiles à faire des bébés en bonne santé.

---

1. *Ovocytes* : cellules de la femme qui peuvent évoluer en ovules.
2. *Jean Leonetti* (né en 1948) : député UMP, médecin et spécialiste des questions de bioéthique.
3. *Artifice* : stratagème.
4. *Gamètes* : cellules reproductrices qui fusionnent avec les cellules du sexe opposé pour former l'embryon.
5. *Embryons* : œufs humains depuis la segmentation jusqu'à la huitième semaine de développement intra-utérin.
6. *Fécondation in vitro* : technique qui consiste à réunir spermatozoïdes et ovules dans une éprouvette afin de former un embryon.

L'accès à la procréation assistée de couples non mariés ou non pacsés. Jusqu'ici, un homme et une femme devaient être mariés, pacsés ou justifier de deux ans de vie commune pour accéder à la procréation médicalement assistée (PMA). Ceci devrait changer, et « tout couple médicalement stérile » bénéficiera bientôt du coup de pouce de la médecine pour tenter de procréer.

Le transfert des embryons *post mortem*. Il s'agit de permettre à une femme dont le conjoint est décédé de pouvoir se faire implanter l'embryon congelé du vivant de son mari. Les députés ont accepté cette éventualité contre l'avis du gouvernement. Néanmoins, la loi encadrera très strictement ces situations exceptionnelles : le père devra avoir donné son consentement à cet enfant de son vivant, et le transfert d'embryon devra avoir lieu six mois minimum et dix mois maximum après le décès du père. [...]

La recherche sur l'embryon au point mort. La grande majorité des chercheurs appelaient de leurs vœux l'autorisation de la recherche sur l'embryon. Une décision audacieuse qui leur aurait permis de travailler sur un pied d'égalité avec les scientifiques étrangers, notamment sur les cellules souches [1]. Mais c'est le régime de l'« interdiction avec dérogation » qui a, sans surprise, été maintenu par les députés. Une position jugée « totalement absurde » par le généticien Axel Kahn.

Les mères porteuses. La légalisation de la gestation pour autrui en France n'a jamais été envisagée par les auteurs de la proposition de loi. Pour des raisons évidentes de non-marchandisation du corps de la femme. Le professeur René Frydman [2] lui-même est farouchement contre. Une autre grande figure de

---

1. *Cellules souches* : cellules qui forment l'embryon, qui peuvent proliférer et évoluer en n'importe quelle cellule du corps humain.
2. *René Frydman* (né en 1943) : obstétricien français, c'est un pionnier de la fécondation *in vitro* en France. Voir aussi p. 76 et p. 84.

la gynécologie, Israël Nisand (CHU de Strasbourg), y est favorable.

Femmes seules et homos retoqués pour la PMA. Noël Mamère (Verts) et Martine Billard (Parti de gauche) avaient déposé des amendements pour « permettre aux couples lesbiens ainsi qu'aux femmes célibataires d'avoir accès à la PMA par insémination artificielle avec un donneur ». Mais celui-ci a été rejeté.

Hélène Bry, « Ce qu'il faut retenir des lois de bioéthique »,
© *Le Parisien*, 12 février 2011.

Compréhension et analyse
1. Quelles sont les évolutions des lois de bioéthique et quels enjeux y sont associés ?
2. Quels points n'ont pas été votés ? Quelles explications la journaliste évoque-t-elle ?

■ Document 2

René Frydman est obstétricien, gynécologue des hôpitaux de Paris et professeur des universités. Il permit la naissance du premier « bébé éprouvette » français (1982), celle du premier bébé français issu d'un embryon [1] congelé (1986) et réalisa la première naissance après un diagnostic préimplantatoire [2] (2000).

Soulignant que les investigations en matière de biologie de la reproduction sont essentielles à l'humanité, René Frydman rappelle dans cet article l'importance et les moyens que la France doit accorder à ce domaine de recherche.

---

1. *Embryon* : voir note 5, p. 74.
2. *Diagnostic préimplantatoire* : recherche sur l'ADN des embryons conçus après une fécondation *in vitro* ; elle permet de détecter les embryons atteints d'une maladie génétique.

Quinze pour cent des couples en âge de procréer consultent pour infertilité. Le nombre de PMA en France est en constante augmentation et va atteindre 70 000 tentatives par an : la création du Comité consultatif national d'éthique, les débats, les
5 trois lois successives de bioéthique (1994, 2004, 2011) ainsi que la mise en place de l'Agence de la biomédecine [1] sont censés réguler cette activité.

Et pourtant les résultats ne sont pas à la hauteur de certains centres internationaux. Seule une femme sur cinq va accoucher
10 après avoir bénéficié d'un prélèvement d'ovocytes [2] en vue d'une PMA. Cette moyenne – faible (18 à 20 %) – traduit des anomalies ici ou là. Mais l'absence de transparence des résultats centre par centre (à l'inverse des États-Unis ou de la Belgique, où ceux-ci sont disponibles sur Internet) crée une *omerta* [3] dont pâtissent
15 les couples, en manque d'information.

Constater des insuffisances devrait amener à deux types de mesures correctrices :

1. investir encore afin d'utiliser les normes de personnels et de matériels comparables à l'excellence de centres de référence.
20 Trop de responsables administratifs, universitaires ou médicaux considèrent la médecine et la biologie de la reproduction comme une thématique secondaire ;

2. développer la recherche, seul facteur d'amélioration. Or l'interdiction de la recherche sur l'embryon érigée en dogme
25 dans notre pays (avec des dérogations exceptionnelles) est un frein à l'innovation.

Cela aboutit par exemple à avoir interdit pendant plusieurs années aux équipes françaises de procéder à la congélation

---

1. *Comité consultatif national d'éthique* : organisme de réflexion sur les questions éthiques posées par les recherches scientifiques. ***Agence de la biomédecine*** : établissement public qui intervient dans quatre domaines – l'assistance médicale à la procréation, le diagnostic prénatal et génétique, la recherche sur l'embryon et les cellules souches.
2. *Ovocytes* : voir note 1, p. 74.
3. *Omerta* : loi du silence.

d'ovocytes par vitrification, les essais étant jugés assimilables à
la recherche sur l'embryon qui doit être autorisée mais encadrée.

Les organismes de recherche (Inserm, CNRS) d'un État laïc doivent pouvoir nommer, identifier, promouvoir le thème du développement précoce humain. [...]

A-t-on informé les femmes concernant leur horloge biologique ovarienne qui les dessert de façon préjudiciable, de même que l'effet délétère [1] du tabac, de la malnutrition, du stress ? Où sont les campagnes d'information alors que celles-ci existent pour dépister le cancer du côlon, du col de l'utérus ou du sein ?

Pourquoi ne pas dépister le statut de fertilité lié à l'âge ? Autour de 33-35 ans, une étude de la « réserve ovarienne [2] » par une prise de sang et une échographie permettrait un état des lieux et éviterait de dire : « Je ne savais pas. »

La constatation d'une infertilité progressive pourrait permettre à certaines femmes de reconsidérer leur projet de vie jusqu'à conserver leurs propres ovules si elles ne peuvent avoir un enfant avant 35 ans.

Certes l'efficacité de la congélation d'ovules est loin d'être totale et n'est pas la panacée [3]. Mais aujourd'hui, selon la loi de 2011, une femme ne peut conserver ses propres ovocytes que si elle a un cancer ou si elle participe à un programme de don d'ovules. [...]

Dans le cas d'un don de sperme anonyme à un couple de femmes, ne serait-il pas souhaitable que l'enfant puisse avoir accès à ses origines et que celles-ci ne lui soient pas gommées puisqu'il n'aura pas d'autres référents masculins tout en sachant qu'il est issu de la rencontre d'un spermatozoïde et d'un ovule ?

Ce qui serait valable ici le serait aussi pour les couples hétérosexuels. Restera à évaluer l'impact de ces mesures sur le délai

---

1. *Délétère* : malsain, nocif.
2. *Réserve ovarienne* : capacité des ovaires à produire des ovules viables.
3. *La panacée* : le remède universel.

d'attente, déjà de douze mois, et sur le recrutement d[e] veaux donneurs non anonymes.

On le voit, les insuffisances, les incohérences de la [loi,] ses indications médicales persistent. Les questions sur la PMA d'indication sociétale sont importantes et ne peuvent être traitées à la va-vite à l'occasion d'un autre texte de loi [1] qui ne l'aborde pas.

René Frydman, « Un plan pour la procréation médicale assistée »,
© Le Monde, 12 janvier 2013.

Compréhension et analyse

1. Selon l'auteur, quelles sont les insuffisances et les incohérences de l'accès à la procréation médicalement assistée en France ?
2. Quelles modifications propose le médecin dans le domaine de la conservation d'ovocytes et du don de spermatozoïdes ? Quelles questions éthiques ces changements induisent-ils ?

■ Document 3

Le clonage consiste en la fabrication d'un embryon [2] sans qu'il y ait fécondation, à partir d'une cellule prélevée sur un individu ; le clone et l'être vivant cloné possèdent alors le même code génétique. En 2001, la France et l'Allemagne ont présenté aux Nations unies une convention visant la prohibition universelle du clonage humain reproductif, sans réussir toutefois à empêcher que des recherches aient cours. Dans cet article de 2003, le journaliste Jean-Yves Nau explique les raisons que l'homme pourrait avoir de remplacer la procréation humaine par le clonage, déjà effectif chez les animaux.

Plusieurs situations fort différentes pourraient, en théorie, justifier que l'on puisse envisager la création d'un être humain

---

1. Allusion à la loi sur l'ouverture du mariage aux couples homosexuels.
2. *Embryon* : voir note 5, p. 74.

à partir de la technique du transfert d'un noyau d'une cellule prélevée chez une personne adulte ou non.

Réponse thérapeutique à des formes de stérilité aujourd'hui incurables

C'est la principale justification avancée par le gynécologue obstétricien romain Severino Antinori. Si elles ne sont pas très fréquentes du fait du très large développement des techniques d'assistance à la procréation, ces formes de stérilité existent néanmoins. Elles concernent notamment des personnes souffrant d'anomalies sévères de leurs organes génitaux ou encore d'ambivalence sexuelle. […]

Prévention de la conception d'enfants pouvant souffrir de certaines affections génétiques au sein de couples connus pour être exposés à un risque de transmission

Comme dans le cas précédent, l'enfant ainsi conçu serait le clone soit de l'homme soit de la femme. Mais d'autres solutions existent avec le diagnostic prénatal ainsi que le développement d'une technique – le diagnostic préimplantatoire – qui permet d'effectuer un tri génétique d'embryons conçus *in vitro*[1] avant d'être implantés dans l'utérus maternel. Divers procédés sont d'autre part en cours de développement, permettant d'effectuer un choix du sexe de l'enfant à naître en cas de risque de transmission de maladies génétiques liées au sexe. On peut d'autre part espérer que les progrès de la thérapie génique pourront fournir des réponses à des affections génétiques aujourd'hui incurables.

(Re)création d'un enfant décédé chez lequel des cellules somatiques[2] auraient été prélevées avant la mort

Il s'agit là de l'une des situations les plus fréquemment évoquées dans l'opinion quand on s'interroge sur les possibles usages du clonage reproductif dans l'espèce humaine. On peut penser que, si une telle offre existait, elle susciterait de

---

1. *In vitro* : voir note 6, p. 74.
2. *Somatiques* : du corps.

nombreuses demandes émanant de familles n'ayant pas achevé leur travail de deuil. Cette situation peut être rapprochée des premières naissances d'enfants conçus *in vitro* et implantés dans l'utérus en fonction de leurs caractéristiques immunitaires afin de pouvoir disposer du matériel biologique compatible – de la moelle osseuse – indispensable au traitement d'un enfant atteint d'une forme de leucémie (*Le Monde* du 5 octobre 2000).

Refus délibéré de la reproduction sexuée

C'est le cas de figure de femmes – ou de couples de femmes homosexuelles – qui pourraient formuler la demande de donner la vie en s'affranchissant totalement d'une relation sexuelle avec un homme, d'insémination artificielle ou du recours à une fécondation *in vitro*. On notera que les responsables du mouvement raëlien [1] ont indiqué que les deux prochaines naissances annoncées d'enfants clonés correspondaient à ces deux dernières situations. Pour les couples d'hommes homosexuels, le clonage n'évite pas l'intervention d'une femme [2].

Quête fantasmatique de l'immortalité

Elle repose sur l'idée que le fait de créer son propre clone – qui, le moment venu, pourra faire de même – équivaut à une forme de perpétuation infinie de la personne physique, voire de sa conscience. Dans ce contexte, certains vont jusqu'à invoquer un nouveau droit : celui, pour tout être humain, de disposer des moyens qui permettront de faire que son génome [3] puisse, après sa mort, continuer à participer à la grande aventure du vivant.

Jean-Yves Nau, « Pour quelles raisons pourrait-on vouloir cloner l'être humain ? », © *Le Monde*, 4 janvier 2003.

---

1. *Mouvement raëlien* : secte fondée par le Français Claude Vorilhon, sur le témoignage d'une soi-disant rencontre du troisième type rapprochée. La doctrine établie par Claude Vorilhon se présente comme une religion athée, pour laquelle le développement de la science permettrait d'améliorer l'humanité grâce au clonage. Soutenant des sociétés de recherche sur le clonage humain, le mouvement a affirmé avoir réussi à cloner un humain en décembre 2002, mais les preuves promises n'ont jamais été apportées.
2. Pour la gestation.
3. *Génome* : code génétique.

Compréhension et analyse
1. Selon l'auteur, pour quelles raisons pourrait-on vouloir cloner l'être humain ?
2. Indiquez les problèmes éthiques que ces raisons soulèvent.

■ Document 4

En 1932, l'écrivain britannique Aldous Huxley (1894-1963) publie *Le Meilleur des mondes*, roman de science-fiction dans lequel il imagine les dérives des progrès scientifiques dans un État mondial utilisant le clonage comme fondement de la société. Dans l'extrait suivant, le directeur du Centre d'incubation et de conditionnement (le D.I.C.) explique à des étudiants le procédé grâce auquel son établissement produit des êtres humains à la chaîne, selon les besoins du marché du travail.

Un œuf, un embryon [1], un adulte, – c'est la normale. Mais un œuf bokanovskifié a la propriété de bourgeonner, de proliférer, de se diviser : de huit à quatre-vingt-seize bourgeons, et chaque bourgeon deviendra un embryon parfaitement formé, et chaque embryon, un adulte de taille complète. On fait ainsi pousser quatre-vingt-seize êtres humains là où il n'en poussait autrefois qu'un seul. Le progrès.

« La bokanovskification, dit le D.I.C. pour conclure, consiste essentiellement en une série d'arrêts du développement. Nous enrayons la croissance normale, et, assez paradoxalement, l'œuf réagit en bourgeonnant. » [...]

À ce moment, l'œuf primitif avait de fortes chances de se transformer en un nombre quelconque d'embryons compris entre huit et quatre-vingt-seize, ce qui est, vous en conviendrez, un perfectionnement prodigieux par rapport à la nature. Des

---
1. ***Embryon*** : voir note 5, p. 74.

jumeaux identiques, mais non pas en maigres groupes de deux ou trois, comme aux jours anciens de reproduction vivipare[1], alors qu'un œuf se divisait parfois accidentellement ; mais bien par douzaines, par vingtaines, d'un coup.

20 « Par vingtaines, répéta le Directeur, et il écarta les bras, comme s'il faisait des libéralités à une foule. Par vingtaines. »

Mais l'un des étudiants fut assez sot pour demander en quoi résidait l'avantage.

« Mon bon ami ! le Directeur se tourna vivement vers lui,
25 vous ne voyez donc pas ? Vous ne voyez pas ? » Il leva la main ; il prit une expression solennelle. Le Procédé Bokanovsky est l'un des instruments majeurs de la stabilité sociale !

Instruments majeurs de la stabilité sociale.

Des hommes et des femmes conformes au type normal ; en
30 groupes uniformes. Tout le personnel d'une petite usine constitué par les produits d'un seul œuf bokanovskifié.

« Quatre-vingt-seize jumeaux identiques faisant marcher quatre-vingt-seize machines identiques ! » Sa voix était presque vibrante d'enthousiasme. « On sait vraiment où l'on va. Pour
35 la première fois dans l'histoire. » Il cita la devise planétaire : « Communauté, Identité, Stabilité. Des mots grandioses. Si nous pouvions bokanovskifier indéfiniment, tout le problème serait résolu. »

Aldous Huxley, *Le Meilleur des mondes*, trad. Jules Castier,
© Plon, 1977 ; rééd. coll. « Pocket », 1988, p. 24-25.

Compréhension et analyse

1. Expliquez le « Procédé Bokanovsky ». En quoi représente-t-il une menace pour la société ?
2. Relevez les indices qui prouvent qu'il s'agit d'un roman de science-fiction.

---

1. *Vivipare* : adjectif utilisé pour un animal dont l'œuf se développe complètement à l'intérieur de l'utérus maternel, de sorte qu'à la naissance le nouveau-né peut mener une vie autonome.

2. Le spectre de l'eugénisme

■ Document 5

L'obstétricien René Frydman (voir aussi p. 76) explique ici ce qui, selon lui, protège la recherche génétique de l'eugénisme [1].

La recherche sur l'embryon [2], le génie génétique, le transgénisme [3] sont reçus comme des concepts émanant d'apprentis sorciers. La peur est naturelle devant l'inconnu et souvent on brandit la crainte de l'eugénisme, sous-entendu la barbarie nazie. Certes, la médecine fœtale peut avoir pour conséquence la décision de ne pas laisser venir au monde des enfants lourdement handicapés, mais elle comporte aussi une part positive qui est la compréhension de certaines pathologies et leur traitement en attendant leur prévention. C'est ainsi qu'aujourd'hui, on ne décide plus d'un avortement sur une suspicion d'infection à la toxoplasmose [4], il en faut la preuve, ce qui a considérablement réduit les erreurs d'antan et des avortements injustifiés.

Qu'est-ce qui différencie notre pratique de celle de l'eugénisme ? Certes, le respect de certaines valeurs (droits de l'homme, dignité de la personne) pour lequel il y a un relatif consensus, mais la ligne de séparation essentielle passe entre l'individuel et le collectif : il faut empêcher que des pratiques collectives et uniformes s'imposent, car c'est d'elles que viendrait la tendance eugénique. C'est dans la définition collective

---

1. *Eugénisme* : concept qui vise à améliorer le patrimoine génétique de l'espèce humaine par la sélection et l'élimination.
2. *Embryon* : voir note 5, p. 74.
3. *Transgénisme* : manipulation du patrimoine génétique.
4. *Toxoplasmose* : maladie normalement bénigne mais qui peut engendrer de graves malformations chez le fœtus s'il est contracté par la mère pendant la grossesse.

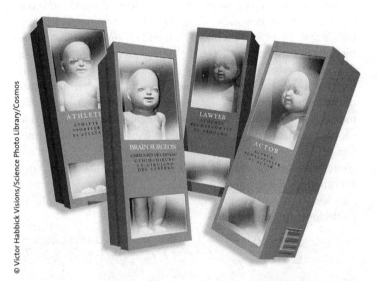

▲ Le spectre de l'eugénisme : une société dans laquelle on pourrait choisir sur catalogue les qualités de l'enfant à naître.

« bien et mal » que réside le danger. Si une directive ou une autodirective d'un groupe décidait que tous les mongoliens[1] devaient être éliminés, il y aurait là une décision basée sur l'eugénisme. Actuellement, le respect de l'individu nous amène à ne jamais rien imposer, à laisser les parents décider de leur sort et du sort du fœtus, aidés des meilleurs conseils, et enfin, de toute façon, à favoriser de notre mieux l'accueil de l'enfant handicapé une fois que sa venue au monde est acceptée telle par sa famille et par la société. C'est dans l'acceptation de l'enfant handicapé, au niveau individuel comme au niveau collectif que résident le meilleur garde-fou à l'eugénisme et la garantie de la tolérance. Certes, il s'agit d'un paradoxe, d'un côté donner tous les moyens nécessaires pour apprécier la qualité de vie des futurs nouveau-nés (dont des arguments pour éviter sa venue au monde), et de l'autre, développer un climat de tolérance vis-à-vis des membres de la société qui ne sont pas dans la norme. L'eugénisme, tout du moins dans sa version récente, était sous-tendu par une conception qu'il existe des sous-hommes et des sur-hommes. C'est cette conception qu'il faut combattre et non pas les avancées de la recherche du développement de la médecine.

René Frydman, « La Procréatique »,
© *Pouvoirs*, janvier 1991, n° 56, p. 69-70.

Compréhension et analyse
1. D'après l'auteur, à quoi tient la crainte de l'eugénisme ?
2. Selon René Frydman, quelles différences essentielles faut-il faire entre la recherche sur l'embryon et l'eugénisme ?

---

1. ***Mongoliens*** : malades atteints de la trisomie 21.

■ Document 6

Depuis 2006, en Grande-Bretagne, les couples peuvent utiliser le diagnostic préimplantatoire [1] pour s'assurer que leur enfant n'aura pas de prédispositions au cancer. Cette pratique n'est pas sans réactualiser le débat sur l'eugénisme [2], comme le rappelle le journaliste Gilbert Charles dans l'article suivant.

« C'est la porte ouverte à l'eugénisme ! » protestent les militants anti-avortement au Royaume-Uni, soutenus, une fois n'est pas coutume, par certains médecins dubitatifs. La décision des autorités médicales britanniques d'autoriser les établissements de soins à dépister les embryons [3] porteurs de gènes de susceptibilité au cancer a déclenché outre-Manche une polémique bioéthique aussi complexe que délicate. Depuis le 15 mai, les couples issus de familles touchées par certaines formes de tumeurs héréditaires peuvent s'assurer que leur futur bébé ne sera pas touché par la maladie, grâce à la technique dite du diagnostic préimplantatoire (DPI). Pratiquée dans le cadre d'une fécondation *in vitro* [4], celle-ci consiste à analyser l'ADN des embryons, afin de sélectionner ceux qui ne sont pas porteurs du gène défaillant avant de les implanter chez la mère.

C'est la première fois que le procédé, autorisé depuis 1990 en Grande-Bretagne et utilisé jusque-là pour des pathologies graves comme la trisomie, la mucoviscidose ou la myopathie, est appliqué à des gènes de prédisposition. « Les règles n'ont cessé d'être assouplies depuis dix ans, constate Josephine Quintavalle, responsable de l'association londonienne de bioéthique *Comment on Reproductive Ethics* (*Core*). On s'attaque

---
1. *Diagnostic préimplantatoire* : voir note 2, p. 76.
2. *Eugénisme* : voir note 1, p. 84.
3. *Embryons* : voir note 5, p. 74.
4. *Fécondation in vitro* : voir note 6, p. 74.

cette fois à des maladies qui ne se déclarent pas avant l'âge adulte et qui pourraient très bien être soignées lorsque ces bébés auront grandi. Jusqu'où ira-t-on ? Va-t-on dépister l'obésité ou l'intelligence ? » L'autorisation donnée par la *Human Fertilization and Embryology Authority* [1] se limite à trois gènes précis : BRCA 1, qui accroît de 80 % le risque de développer un cancer du sein ; BRCA 2, associé au cancer des ovaires (40 %) ; et HNPCC, dont les porteurs ont 78 % de risques d'être atteints de tumeur intestinale.

En France, le diagnostic préimplantatoire a été légalisé par la loi de bioéthique de 1994, pour des couples ayant « une forte probabilité de donner naissance à un enfant atteint d'une maladie génétique d'une particulière gravité reconnue comme incurable au moment du diagnostic ». En 2004, son utilisation a été élargie à des maladies susceptibles de se déclarer tardivement, comme la chorée de Huntington, ainsi qu'au « typage de tissus » destiné à mettre au monde un « bébé-médicament » : il s'agit dans ce cas de sélectionner un embryon au patrimoine génétique compatible avec celui d'un grand frère ou d'une grande sœur atteint d'une maladie grave et qui ne peut être soigné que par une greffe de cellules souches [2]. Depuis 2000, environ deux cents enfants issus de DPI sont nés dans l'Hexagone. « La loi française n'exclut pas le recours au DPI pour des gènes de prédisposition au cancer, mais le cas ne s'est encore jamais présenté, explique René Frydman [3], chef du service de gynécologie-obstétrique de l'hôpital Antoine-Béclère, à Clamart. Les couples concernés vivent souvent des drames terribles : quand on a déjà perdu un enfant de 12 ou 13 ans, après des années de maladie,

---

1. *Human Fertilization and Embryology Authority* : organisme britannique de régulation des pratiques de procréation médicalement assistée et des recherches sur l'embryon.
2. *Cellules souches* : voir note 1, p. 75.
3. *René Frydman* : voir note 2, p. 75.

on ne peut pas parler du DPI comme d'une médecine de confort. »

Pourtant, la question des limites de cette technique peut se poser. En Grande-Bretagne, les hôpitaux proposent, par exemple, aux couples ayant déjà un enfant autiste d'éliminer les embryons mâles, afin de ne mettre au monde que des filles, car cette maladie affecte en grande majorité les garçons. L'Église catholique, tout comme le biologiste Jacques Testart, n'a pas manqué de mettre en garde contre le risque de dérive de cette technique vers un « mythe de l'enfant parfait ». Mais même les défenseurs les plus acharnés de la vie sont bien obligés de reconnaître son principal avantage : contrairement aux diagnostics prénataux classiques, le DPI évite le recours à l'avortement.

Gilbert Charles, « La Tentation de l'eugénisme »,
© L'Express, 14 septembre 2006.

Compréhension et analyse
1. Qu'est-ce qui distingue la pratique du DPI en Grande-Bretagne de celle en France ?
2. Expliquez la dernière phrase. Le DPI est-il la seule technique à être rapprochée de l'eugénisme par certains ?

■ Document 7

Dans un essai sur l'éthique de la responsabilité, le philosophe allemand Jürgen Habermas (né en 1929) considère les enjeux des progrès de la science et de la technologie biologique du point de vue philosophique et moral. Avec la recherche sur l'embryon[1] ou le diagnostic préimplantatoire[2], ce qui était jusque-là une donnée intangible – la nature organique de chacun – peut faire l'objet de

---
1. *Embryon* : voir note 5, p. 74.
2. *Diagnostic préimplantatoire* : voir note 2, p. 76.

modifications intentionnelles, décidées par l'homme. Le risque est alors celui de dérives ; ces techniques nouvelles pourraient donner le jour à des applications autres que thérapeutiques (l'intervention sur le génome [1] dans le seul but de l'améliorer, en fonction de préférences établies par des individus) susceptibles de se diffuser et de générer un marché. C'est ce que Habermas qualifie d'« eugénisme [2] libéral ». Dans l'extrait suivant, l'auteur explique en quoi l'eugénisme libéral serait, entre autres, une négation du principe universaliste d'égalité entre les personnes.

[Un eugénisme libéral] engendrerait [...] une relation interpersonnelle pour laquelle il n'existe aucun précédent. La décision irréversible prise par une personne d'organiser le génome d'une autre personne selon ses désirs fait naître un type de rela-
5 tion entre ces deux personnes, qui remet en question une présupposition, qui jusqu'ici allait de soi, nécessaire à la compréhension morale que peuvent avoir d'elles-mêmes les personnes qui agissent et jugent de manière autonome. Une compréhension universaliste du droit et de la morale part de l'idée
10 qu'aucun obstacle de principe ne s'oppose à un ordre égalitaire des relations interpersonnelles. [...] Personne ne doit dépendre de quelqu'un d'autre de manière irréversible. Or, la programmation génétique fait naître une relation à plus d'un égard asymétrique – un paternalisme d'un genre spécifique.
15 À la différence de la dépendance *sociale* qui affecte la relation parents-enfant, qui se résout avec l'accès des enfants à l'âge adulte au fur et à mesure que se succèdent les générations, la dépendance *généalogique* des enfants à l'égard des parents est, certes, elle aussi [3], irréversible. Les parents engendrent les

---

1. *Génome* : voir note 3, p. 81.
2. *Eugénisme* : voir note 1, p. 84.
3. Comme la dépendance génétique.

enfants ; les enfants n'engendrent pas les parents. Mais cette dépendance n'affecte que l'existence [1] – dont il peut certes être fait reproche bien que cela demeure singulièrement abstrait –, non l'être-tel [2] des enfants – ni aucune des déterminations qualitatives de leur vie future. Comparée à la dépendance sociale, la dépendance *génétique* de la personne programmée n'est certes concentrée que dans un acte unique imputable au programmeur. [...]

Ce qui nous intéresse ici dans la programmation, ce n'est plus qu'elle limite le pouvoir-être soi-même et la liberté éthique d'autrui, mais qu'elle empêche, le cas échéant, une relation symétrique entre le programmeur et le produit qu'il a ainsi « dessiné ». La programmation eugénique établit une dépendance entre des personnes qui savent qu'il est, par principe, exclu qu'elles échangent leurs places *sociales* respectives. Or ce type de dépendance sociale, qui est irréversible parce qu'il tient son ancrage social de ce qu'il a été instauré de manière attributive, constitue un élément étranger dans les relations de reconnaissance qui caractérisent une communauté morale et juridique de personnes libres et égales.

Jusqu'à ce jour, nous ne rencontrions dans les interactions sociales que des personnes nées naturellement, non des personnes fabriquées. Dans l'avenir biopolitique dont les eugénistes libéraux nous dressent le tableau, cet ensemble relationnel horizontal [3] serait supplanté par un ensemble de relations intergénérationnelles qui, tant du point de vue de l'action que de celui de la communication, s'instaurerait verticalement à travers la modification intentionnelle du génome de ceux à naître. [...]

---

1. *L'existence* : ici, le fait d'être né.
2. *L'être-tel* : les caractéristiques de l'être.
3. *Ensemble relationnel horizontal* : système de relations entre égaux, alors qu'un système « vertical » définit des relations entre supérieurs et inférieurs.

Ces pratiques relevant d'un eugénisme d'amélioration ne peuvent pas, dans le cadre d'une société pluraliste démocratiquement constituée qui accorde à chaque citoyen un droit égal à mener une vie autonome, être « normalisées » de manière légitime pour la simple raison que la sélection de dispositions désirées ne peut pas *a priori* être découplée [1] de ce que l'on préjuge de certains projets de vie.

> Jürgen Habermas, *L'Avenir de la nature humaine :
> vers un eugénisme libéral ?*,
> trad. Christian Bouchindhomme, © Gallimard, 2002.

Compréhension et analyse

1. Selon l'auteur, quels sont les trois types de dépendance qui existent entre parents et enfants ? Qu'est-ce qui les différencie ?
2. En quoi la dépendance génétique programmée induit-elle une autre sorte de dépendance sociale irréversible et contraire aux fondements de notre société ?

■ Document 8

Le dessin ci-contre, réalisé par Deligne, illustre de façon humoristique la crainte de l'eugénisme [2] face aux avancées biotechnologiques (recherches sur l'embryon [3] et diagnostic préimplantatoire [4]).

---

1. *Découplée* : séparée.
2. *Eugénisme* : voir note 1, p. 84.
3. *Embryon* : voir note 5, p. 74.
4. *Diagnostique préimplantatoire* : voir note 2, p. 76.

Compréhension et analyse

1. À quels examens médicaux liés aux avancées de la génétique ce dessin fait-il référence ?
2. Pourquoi peut-on parler d'exagération ? Quelles peurs ce document illustre-t-il ?

3. Vers une marchandisation du vivant ?

■ Document 9

Certaines maladies ne peuvent être soignées que grâce à une grande quantité de cellules souches [1] que l'on peut prélever uniquement dans le sang du cordon ombilical. Ainsi, des enfants sont conçus dans l'espoir de soigner un de leurs aînés. Faut-il y voir une « instrumentalisation » de la personne ? Dans l'article suivant, la

---

[1]. *Cellules souches* : voir note 1, p. 75.

3. Faut-il fixer des limites à la science dans sa maîtrise de l'humain ?

journaliste Pauline Fréour évoque le cas de l'un de ces « bébés médicaments ».

C'est un garçon, et l'on imagine ses parents doublement heureux. Le petit Umut-Talha, né le 26 janvier à l'hôpital Antoine-Béclère à Clamart, n'est pas seulement un nourrisson en « très bonne santé », pesant 3,650 kilogrammes à la naissance. Sa
5 venue au monde doit également permettre de soigner sa sœur aînée atteinte d'une maladie grave, ont annoncé les professeurs René Frydman [1] et Arnold Munnich.

Comme la loi de bioéthique l'autorise en France depuis 2004, les parents d'Umut-Talha (« notre espoir » en turc), dont
10 les deux précédents enfants sont atteints d'une maladie du sang, la bêta-thalassémie, ont décidé de concevoir un « bébé médicament », ou « bébé du double espoir ». Pour cela, ils ont eu recours à la fécondation *in vitro* [2], assortie d'un double diagnostic préimplantatoire [3] pour retenir un embryon [4] sain et généti
15 quement compatible avec un de leurs enfants malades. […]

Les médecins ont ainsi pu s'assurer que l'enfant à naître n'aurait pas la même maladie que ses aînés et qu'il serait un donneur compatible avec l'un des enfants à soigner. À la naissance, le sang du cordon ombilical reliant Umut-Talha à sa
20 mère, riche en cellules souches, a été recueilli. Ces cellules souches, qui donnent naissance aux cellules sanguines, seront conservées pour une greffe ultérieure à sa sœur.

Cette pratique, une première en France, reste très rare dans le monde. Les États-Unis y ont recours depuis une dizaine
25 d'années. Elle est soumise dans l'Hexagone à l'accord de

---

1. *René Frydman* : voir note 2, p. 75.
2. *Fécondation in vitro* : voir note 6, p. 74.
3. *Diagnostic préimplantatoire* : voir note 2, p. 76.
4. *Embryon* : voir note 5, p. 74.

l'Agence de la biomédecine [1], qui délivre les autorisations au cas par cas. Selon le professeur René Frydman, déjà concepteur du premier bébé éprouvette français en 1982, l'hôpital de Clamart compte une dizaine de couples engagés dans cette démarche thé-
30 rapeutique. Des projets « qui pourraient aboutir dans les deux ans qui viennent », a-t-il confié au *Parisien*. […]

Bien que saluée sur le plan technique, la naissance de ce « bébé médicament » soulève des interrogations éthiques dans le monde médical, politique et religieux. La présidente du Parti
35 chrétien-démocrate Christine Boutin a dénoncé mardi une « instrumentalisation de la personne conçue simplement pour rendre service, pour être utilisée ». Dans la même idée, le cardinal André Vingt-Trois, président de la Conférence des évêques de France, s'est dit « tout à fait opposé » à cette technique car
40 cela signifie qu'on va « utiliser quelqu'un au service exclusif de quelqu'un d'autre ».

Le professeur Frydman conteste néanmoins l'aspect utilitaire que suggère l'expression « bébé médicament ». Interviewé par RTL, il a expliqué que les parents d'Umut-Talha avaient avant
45 tout souhaité agrandir leur famille, et qu'il pouvait le prouver. « [À l'issue de la fécondation *in vitro*], nous avions deux embryons, l'un compatible et l'autre pas. Que faire ? Ce couple-là a demandé à ce que les deux embryons soient transférés car ce qu'ils voulaient, c'était un autre enfant. » Le hasard a
50 voulu que seul l'embryon compatible se développe dans l'utérus.

Le généticien Axel Kahn, ancien membre du Comité consultatif national d'éthique [2], a de son côté rappelé sur Europe 1 qu'avoir un nouvel enfant dans l'espoir de sauver son aîné
55 malade n'était pas nouveau. « Avant qu'on fasse un diagnostic

---

1. *Agence de la biomédecine* : voir note 1, p. 77.
2. *Comité consultatif national d'éthique* : voir note 1, p. 77.

prénatal, les parents faisaient un enfant sans tri d'embryons, en espérant que le hasard leur soit favorable. Si bien qu'il n'y a ici pas beaucoup de modification par rapport à ce qui était les usages relativement fréquents des parents dans cette situation. »

Pauline Fréour, « Le premier "bébé médicament" français est né »,
© http://sante.lefigaro.fr, 7 février 2011.

Compréhension et analyse
1. Qu'est-ce qu'un « bébé médicament » ? Pourquoi ce nom ?
2. En quoi ce procédé peut-il induire une instrumentalisation de la personne ?

■ Document 10

La gestation pour autrui (ou recours aux « mères porteuses ») est une méthode de procréation généralement utilisée en cas d'infertilité féminine liée à l'absence d'utérus ou à sa déformation ; elle consiste à implanter l'embryon[1] d'un couple demandeur dans l'utérus d'une autre femme, laquelle n'apporte donc pas de contribution génétique mais permet le développement *in utero* de l'enfant à venir et lui donne naissance avant de le restituer à ses parents biologiques. Si la France n'autorise pas cette pratique – permise et parfois rémunérée dans d'autres pays –, cette dernière suscite régulièrement des débats. L'extrait qui suit est un rapport du Sénat dressant le bilan des conséquences de l'interdiction sur notre territoire.

    Malgré les sanctions civiles et pénales auxquelles ils s'exposent, bien des couples infertiles n'hésitent pas à faire appel à des mères de substitution. Comme les médecins français refusent à bon droit de leur prêter assistance, ils doivent se

---

1. *Embryon* : voir note 5, p. 74.

rendre à l'étranger, dans les pays où cette pratique est légale ou tolérée, sauf à se passer d'une intervention médicale. Aucune estimation fiable de leur nombre n'a pu être fournie au groupe de travail. Selon Dominique et Sylvie Mennesson, présidents fondateurs de l'association Clara [1], une centaine de couples français se rendraient chaque année à l'étranger depuis 1991. Cette évaluation correspond au nombre annuel, qui oscille entre soixante et cent, des maternités pour autrui pratiquées au Royaume-Uni, pays dont la population est comparable en nombre à celle de la France.

Les couples qui en ont le temps et les moyens financiers se rendent de préférence aux États-Unis et au Canada, où des agences les mettent en relation avec des mères de substitution et où ils peuvent obtenir des actes de l'état civil locaux établissant la filiation de l'enfant à leur égard. Plusieurs séjours sur place sont nécessaires pour rencontrer la mère de substitution, subir les interventions médicales, suivre autant que possible le déroulement de la grossesse, assister à l'accouchement, recevoir l'enfant puis faire établir un acte de naissance et un passeport. Dominique et Sylvie Mennesson ont ainsi indiqué qu'ils avaient pour leur part effectué douze allers et retours, pendant deux ans et demi, et dépensé 12 000 dollars. Selon Laure Camborieux, présidente de l'association Maïa [2], les frais exposés seraient généralement plutôt de l'ordre de 50 000 euros au total.

Ceux qui ne disposent ni du temps ni des moyens pour se rendre à l'étranger recourent aux services d'une mère de substitution sur le territoire français, généralement par Internet : le traitement médical est pratiqué en Belgique puis la mère de substitution accouche anonymement en France. Plusieurs gynécologues et psychanalystes entendus par le groupe de travail ont

---

1. *Clara* : association qui milite pour la légalisation de la gestation pour autrui.
2. *Maïa* : association de soutien aux couples infertiles.

ainsi déclaré avoir assisté à des accouchements de mères de substitution, les parents intentionnels attendant dans les couloirs de l'hôpital ou de la clinique de pouvoir recevoir l'enfant.

Une fois l'enfant venu au monde, les parents intentionnels essaient de se prévaloir des règles de droit interne ou des règles de droit international privé pour faire établir ou reconnaître sa filiation à leur égard. Dans la mesure où le père intentionnel est également le plus souvent le père génétique, les difficultés qu'ils rencontrent concernent pratiquement exclusivement la filiation maternelle.

« Contribution à la réflexion sur la maternité pour autrui »,
extrait du rapport d'information n° 421 (2007-2008)
de Mme Michèle André, MM. Alain Milon
et Henri de Richemont, fait au nom de la commission des lois
et de la commission des affaires sociales,
le 25 juin 2008, http://www.senat.fr/rap/r07-421/r07-421.html.

Compréhension et analyse
1. Quelles sont les difficultés auxquelles sont confrontés les couples français qui désirent faire porter leur enfant par autrui ?
2. Quels problèmes éthiques la gestation pour autrui pose-t-elle ?

■ Document 11

Depuis les années 1980, le journaliste scientifique et médical Yanick Villedieu anime des émissions sur Radio Canada. Dans l'article suivant, il étend la possible marchandisation du vivant à une autre pratique médicale : la transplantation d'organes permettant de sauver des vies.

La première transplantation d'organes solides chez l'humain a eu lieu aux États-Unis en 1954 : c'était une transplantation rénale entre jumeaux monozygotes[1]. Depuis, on a aussi appris à greffer des foies, des pancréas, des cœurs. Plus récemment, des mains et même... des visages. Sans oublier des veines, des cornées et de la moelle osseuse.

Aujourd'hui, cette procédure chirurgicale, jugée exceptionnelle il n'y a pas si longtemps, fait désormais partie de la routine dans le monde médical. On fait, au bas mot, une centaine de milliers de greffes chaque année dans le monde.

Questions

Qu'est-ce que la montée en force des greffes d'organes a changé dans nos sociétés ? Dans nos représentations de la mort (puisque la très grande majorité des greffons proviennent de donneurs décédés) ? Dans nos conceptions de la solidarité (puisque certains greffons, comme le rein, proviennent parfois de donneurs vivants) ?

Après la phase expérimentale du début, la greffe d'organes est devenue un véritable service médical. Qu'est-ce que ce changement d'échelle a provoqué comme modifications dans les façons de chercher les organes, de solliciter les donneurs éventuels, de récolter les greffons (puisqu'il faut les prélever le plus vite possible après le décès du donneur) ?

Et comme il y a toujours, et même de plus en plus, pénurie d'organes, ne risque-t-on pas de voir s'instaurer une « marchandisation » de la transplantation ? Si les organes donnés ont une valeur humaine, pourquoi ne pourraient-ils pas être vendus et acquérir ainsi une valeur marchande ? Mais si cette idée répugne à l'esprit, comment rechercher plus activement des organes, tout en évitant ou interdisant leur vente et leur achat ?

Espoir, désespoir

Ces questions, le sociologue Philippe Steiner, de la Sorbonne, les pose avec beaucoup d'acuité et de profondeur dans

---

1. *Monozygotes* : se dit d'individus qui ont les mêmes gènes.

son livre *La Transplantation d'organes : un commerce nouveau entre les êtres humains*, paru aux éditions Gallimard.

Certaines personnes, note-t-il, avancent qu'avec une approche mercantile du domaine, on pourrait trouver plus de greffons, diminuer les coûts de santé et sauver davantage de vies. Ces personnes préconisent donc de mettre en place un marché des organes destinés à la transplantation.

Philippe Steiner s'oppose à cette dérive. On ne peut pas faire n'importe quoi, n'importe comment, sous prétexte qu'on va aider certains malades à guérir ou à vivre plus longtemps, dit-il en substance.

Par exemple, on ne saurait accepter un commerce (un trafic ?) d'organes entre donneurs pauvres et receveurs riches. On ne peut accepter que s'organise ce qu'il appelle « une traite de transplantation », comme on a déjà eu la traite des Noirs.

Avec beaucoup d'à-propos, il rappelle aussi qu'on ne peut céder aux mirages de la « thérapeutique du désespoir », cette approche qui justifie n'importe quelle sorte de procédure médicale ou chirurgicale, même la plus incertaine ou étrange, sous prétexte qu'on n'a rien d'autre à offrir à des patients désespérés.

Cette remarque, soit dit en passant, n'est pas seulement valable pour les greffes : elle l'est tout autant pour des maladies graves contre lesquelles on n'a pas de traitement curatif.

Yanick Villedieu, « Transplantations d'organes : vers la "marchandisation" ? »,
http://www.radio-canada.ca/nouvelles/carnets, 4 février 2011.
Reproduit avec l'aimable autorisation de Radio-Canada.

Compréhension et analyse
1. Quels nouveaux questionnements fait surgir la transplantation d'organes et à quoi sont-ils dus ?
2. Quels sont les arguments de ceux qui préconisent la vente des organes ? Quelles réponses leur sont opposées ?

■ Document 12

Dans *Nouvelle Vie*[TM], le célèbre écrivain de science-fiction Pierre Bordage (né en 1955) se demande jusqu'où l'homme pourra aller au nom du progrès. Dans la nouvelle qui donne son titre au recueil, il aborde l'angoissant problème de la vente du patrimoine génétique.

« Vous êtes en train de me dire que… que votre compagnie a breveté le génome[1] de mes parents ? »

La femme lui retourna une moue d'encouragement, la moue décernée par un professeur à un élève sur le point de résoudre une équation difficile.

« Mais… on n'a pas le droit d'acheter les êtres humains… »

En même temps qu'il prononçait ces mots, la vérité s'imposa à lui, terrible, inconcevable.

« Tout est à vendre, monsieur Quint. Depuis l'affaire Erkhan, en 2023, les Nations unies ont admis le principe du brevet du génome humain. À condition que ce même génome présente une particularité remarquable et concoure au progrès de l'humanité. »

D'un mouvement de tête, il tenta de chasser la fatigue soudaine qui lui pesait sur la nuque.

« C'est votre entreprise qui est venue chercher mes parents il y a vingt-six ans, n'est-ce pas ? »

L'homme tira une feuille de papier d'une poche de son uniforme et la déplia avec soin.

« Ils étaient ruinés, sans ressources, sans avenir. Ils ont accepté les termes de ce contrat contre une prise en charge partielle de leur enfant. Notre société a respecté sa part du marché.

– Qu'est-ce qu'ils sont devenus ? »

---

1. *Génome* : voir note 3, p. 81.

L'homme posa délicatement la feuille dépliée sur la table basse et la lissa du plat de la main.

« Nous ne le savons pas. Ils ont été remis aux techniciens. La clause de confidentialité nous interdit de...

– Qu'est-ce que vous foutez chez moi si vous n'avez rien à m'apprendre sur eux, bordel ? »

Il regretta aussitôt son éclat de voix, tourna la tête vers la porte de la chambre de Lisbeth [1]. Les regards de l'homme et la femme de la Vie^{TM} suivirent le sien avec la vivacité de faucons lancés sur une proie. Le silence redescendit sur l'appartement, troublé par l'éveil de la ville basse, les sifflements des premiers métros aériens, les grondements des premiers bus, les cris des premiers vendeurs de café ambulants.

« Vos parents ne se sont pas engagés seulement pour eux, reprit la femme.

– Qu'est-ce que vous voulez dire ? »

Elle marqua un temps de silence avant de répondre.

« Ils ont vendu à la Vie^{TM} les droits de trois générations. »

Il faillit éclater de rire. Un réflexe idiot. Les propos de ces deux charognards n'avaient rien d'une plaisanterie. [...]

« Impossible ! murmura-t-il. Les nouveaux droits de l'homme...

– ... ne signifient plus grand-chose à notre époque, coupa l'homme. Notre compagnie se réfère à l'arrêté du 13 juillet 2024.

– Vous avez sûrement entendu parler du procès Chalbot, précisa la femme. Cette famille de Lyon qui contestait la validité juridique du prêt de cent vingt ans contracté par d'arrière-grands-parents. Il en est ressorti que les descendants sont bel et bien engagés par les contrats signés par les ascendants. »

Elle marqua un nouveau temps de pause avant d'ajouter :

---

1. *Lisbeth* : fille du héros.

« Vous êtes breveté monsieur Quint. Engagé par le contrat signé par vos parents. Vous appartenez corps et biens à la Vie™. Le labo nous envoie vous chercher. »

Pierre Bordage, « Nouvelle Vie™ », *Nouvelle Vie™*,
© L'Atalante, 2004, p. 22-24.

Compréhension et analyse
1. Que viennent chercher les employés de la société Vie™ ? Agissent-ils dans la légalité ? Justifiez votre réponse.
2. En quoi cet extrait est-il angoissant ? À quels débats actuels de la bioéthique renvoie-t-il ?

Prolongements

🎤 Exposés
– Les débats actuels de la bioéthique (bébé du double espoir, PMA, banque de sang de cordons ombilicaux...).
– Questionnements bioéthiques et représentations artistiques.

✒️ Vers l'examen
Synthèse de documents : vous confronterez les documents 4, 5, 6 et 7 autour de la question de l'eugénisme en matière de génétique.
Écriture personnelle : 1. Est-il nécessaire d'encadrer le progrès scientifique par une réflexion éthique ? 2. La génétique protège-t-elle l'humain ou le détruit-elle ?

📖 À lire
– Aldous Huxley, *Le Meilleur des mondes*, Pocket, 1988. [Voir *supra*, p. 82.]
– Kazuo Ishiguro, *Auprès de moi toujours*, trad. Anne Rabinovitch, Gallimard, 2008. [Kathy H. se souvient de son enfance comme d'une période idyllique, qu'elle a passée entourée et protégée dans un pensionnat où vivaient aussi d'autres enfants. Mais à mesure

que le passé se dévoile, le lecteur découvre que Kathy et ses camarades sont des clones, conçus et élevés pour donner leurs organes.]

👁 À voir
– **Andrew Niccol**, *Bienvenue à Gattaca*, 1997. [Dans un futur où la génétique n'a plus de secret pour l'homme, le centre d'études Gattaca permet aux êtres génétiquement parfaits de participer aux programmes spatiaux. Vincent n'est pas parfait. Pourra-t-il néanmoins devenir maître de son destin ?]
– **Michael Bay**, *The Island*, 2005. [Lincoln Six-Echo et Jordan Two-Delta vivent dans une immense colonie souterraine régie par des codes stricts, mais ils savent qu'un jour ils partiront vivre sur « l'île », seul endroit habitable dans le futur. Mais si tout cela n'était que fable ? S'ils n'étaient que des pantins, conçus et destinés à être utilisés par d'autres ?]

4. Au cœur des banlieues

> 📷 **Entrée par l'image**
> Flyer « Talents des cités », 2010, et dessin de Lasserpe sur le plan Espoir Banlieues, 2008 (cahier photos, p. 4).
> 1. Quels sont les éléments communs aux deux images ? À quels ensembles urbains les associez-vous ? Comment sont-elles connotées ?
> 2. Analysez le flyer « Talents des cités », en cherchant la dimension symbolique des éléments représentés.
> 3. En quoi le dessin de Lasserpe est-il plus pessimiste ? Qu'en pensez-vous ?

1. « Au ban du lieu » – une représentation à forte connotation négative

■ Document 1

Enseignant de culture générale à l'École nationale de la magistrature, Éric Cobast présente de manière alphabétique dans ses *Petites leçons de culture générale* une cinquantaine de concepts clés nécessaires pour comprendre l'actualité. L'article « Banlieue » rappelle l'étymologie du mot et tente de circonscrire le sens qu'il reçoit aujourd'hui.

La banlieue, c'est au Moyen Âge la « lieue du ban », la distance à laquelle s'étendait le ban seigneurial. La banlieue désignait par conséquent cette limite au-delà de laquelle la convocation – le ban – des vassaux [1] pour la guerre ne pouvait avoir de portée. Conformément à l'étymologie et à l'histoire, la banlieue devrait être à la fois une frontière et un espace contrôlé par le pouvoir central. C'est la périphérie du cercle qui n'existe que par le centre même de la figure.

Or aujourd'hui la banlieue désigne volontiers un lieu, toujours périphérique évidemment, mais que tout oppose au centre-ville, un espace hors contrôle qui, précisément, devient inquiétant, voire menaçant. Cette évolution est, en France, le résultat de la conquête du centre des villes par les classes dites dominantes au détriment des classes populaires jugées dangereuses. Car longtemps le centre des villes est demeuré populaire. C'est dans les rues de Paris que le peuple manifeste son mécontentement, qu'il prend au XIXe siècle l'habitude de dresser des barricades comme pour marquer son territoire. On sait que Napoléon III et le baron Haussmann [2] eurent à cœur de réduire ce Paris-là, par le tracé de vastes boulevards et l'édification de monuments spacieux (le palais Garnier, par exemple). Après la Commune [3], le Paris populaire est définitivement aboli : commence alors un lent exode vers la périphérie qui se poursuit encore aujourd'hui. Plus généralement la politique dite de « réhabilitation » des centres-villes qui se développe en France depuis quelques années aboutit, sous le couvert de la rénovation des quartiers les plus vétustes – parce que souvent « historiques » –, à expulser vers la banlieue les locataires les moins

---

1. Vassaux : dans le système féodal, hommes qui dépendaient d'un seigneur qui leur avait concédé la possession d'un fief. Les vassaux se devaient de combattre à son côté quand il le leur demandait.
2. Georges-Eugène Haussmann (1809-1891) : préfet de la Seine, il a mené un plan de transformation de Paris de 1846 à 1848.
3. Commune : insurrection populaire qui eut lieu à Paris en 1871.

nantis[1] au profit de ceux qui peuvent désormais s'offrir le luxe d'être « au centre ». On observe aujourd'hui que le mot fait l'objet d'une dé-lexicalisation qui, loin d'en complexifier le sens, le simplifie à l'extrême, au point de rendre sa signification arbitraire et, par suite, discriminante. Il n'est pas innocent en ce sens que l'on ait recours à une multitude d'adjectifs qui permettent d'en préciser le sens : on ne parle pas en effet de Neuilly comme d'une banlieue, mais comme d'une banlieue « chic ». Ici, le substantif perd de l'importance face à un adjectif qui est chargé de définir ce lieu par opposition à la simple « banlieue ». C'est dire que lorsqu'on utilise le terme « banlieue », on ne parle pas d'autre chose que de la zone à risque, sujette aux violences que les médias se chargent de restituer. De fait, aujourd'hui, vivre en banlieue, ce n'est pas vivre à la périphérie du centre : c'est habiter le lieu qui menace la stabilité du centre.

Éric Cobast, « Banlieue », *Petites leçons de culture générale*,
© PUF, 2010, p. 9-10.

Compréhension et analyse

1. Quel est le lien étymologique et historique de la banlieue avec le centre-ville ?
2. En quoi le terme « banlieue » est-il connoté négativement ? Justifiez votre réponse.

■ Document 2

Maître de conférence en sciences sociales, Sylvie Tissot (née en 1971) explique dans son article que, paradoxalement, c'est la politique de réhabilitation menée dans les banlieues qui a nui à la compréhension des problèmes dont elles souffraient.

---

1. *Nantis* : riches, aisés.

Comment en est-on arrivé là ? Pour le comprendre, il convient de détourner le regard – au moins un instant – de ces éternels objets d'investigation, les « quartiers sensibles » et leurs habitants, pour s'intéresser à la manière dont le « problème des banlieues » a été défini dans les années 1985-1995, lorsqu'une nouvelle politique publique s'est mise en place dans cinq cents quartiers d'habitat social. Cette focalisation a eu un double effet. Les dispositifs de la politique dite « de la ville » ont permis de rénover de nombreuses cités, tout en offrant un accompagnement mis en place localement par des professionnels du développement social. En même temps, les financements supplémentaires obtenus et dépensés n'ont jamais pris la forme d'une redistribution sociale et spatiale des richesses, susceptible d'endiguer le creusement des inégalités économiques. Malgré les nombreux appels aux « plans Marshall pour les banlieues [1] », ils ont été limités. D'autre part, des coupes sévères étaient dans le même temps infligées aux politiques de droit commun [2], en matière d'éducation ou de santé, dans ces mêmes quartiers populaires.

En outre, la focalisation sur les « quartiers sensibles » ne concerne que certains aspects. Le diagnostic sur lequel s'est appuyée la politique de la ville ne s'est pas limité au bâti ; la réhabilitation des cités dégradées a été menée sur la base d'un nouveau mot d'ordre : la participation des habitants. Réunions de concertation sur la réhabilitation des cités, pique-niques collectifs et conseils de quartier où ces habitants sont censés exprimer leurs demandes pour les voir mieux prises en compte se sont alors développés, à l'initiative des acteurs locaux.

De telles procédures sont nécessaires. Mais, pendant qu'on insistait sur elles, on reléguait au second plan les réalités

---

1. En référence au plan Marshall, programme d'aide économique mené par les États-Unis en faveur des pays d'Europe de l'Ouest, de 1947 à 1951.
2. *Droit commun* : visant tous les citoyens.

économiques, comme le chômage que les habitants de ces quartiers, pour une grande part ouvriers et/ou immigrés, subissaient de plein fouet. Les « quartiers » ont attiré l'attention des pouvoirs publics, mais au prix d'un autre recadrage des « difficultés ». Les grilles territoriales, qui ont été massivement utilisées pour penser la pauvreté, ont joué un rôle paradoxal, fonctionnant comme des euphémismes [1] pour désigner des habitants non plus en référence au statut social, mais en fonction de leurs « origines », nationales, culturelles ou « ethniques ». Cette ethnicisation de la question sociale (qui puise ses racines bien en amont de la politique de la ville) a eu pour effet de présenter les origines dites « ethniques » comme des problèmes – voire des menaces – pour la société, et non pas comme des problèmes pour les personnes subissant le racisme.

« Citoyenneté », « participation des habitants », « projets », valorisation de la « proximité » et du « local », « transversalité » et « concertation » entre « partenaires » : il est difficile de questionner ces mots d'ordre tant ils sont devenus familiers. L'interrogation est d'autant plus difficile que ce vocabulaire nous paraît désormais humaniste et progressiste, dans un contexte politique où la rhétorique [2] de l'insécurité, de la « racaille » et des « zones de non-droit » est prévalente. Pourtant, la participation des habitants, lorsqu'elle est devenue le remède miracle pour soigner le « mal des banlieues », a été définie de manière singulièrement restrictive : occultation des conditions de vie matérielles au profit du « dialogue » et de la « communication » ; psychologisation et donc dépolitisation des problèmes sociaux, alimentées par une représentation du quartier comme espace neutre et pacificateur ; valorisation de la bonne volonté individuelle ainsi que des solutions modestes et ponctuelles, dévalorisation

---

1. *Euphémismes* : atténuations.
2. *La rhétorique* : le discours.

concomitante[1] de la conflictualité et des revendications trop « politiques »...

Sylvie Tissot, « L'Invention des "quartiers sensibles" »,
© *Le Monde diplomatique*, « Manière de voir »,
décembre 2010-janvier 2011, n° 114, p. 56-58.

Compréhension et analyse
1. Quelles ont été les deux grandes actions de la politique « de la ville » concernant les « quartiers sensibles » ?
2. En quoi ces actions ont-elles paradoxalement caché les problèmes économiques et sociaux de ces mêmes quartiers ?

■ Document 3

Connu sous son nom de scène Grand Corps Malade, Fabien Marsaud est un auteur et slameur[2] français né en 1977 en banlieue parisienne. Récompensé pour son œuvre par de multiples prix, dont une Victoire de la Musique, il écrit dans son deuxième album *Enfant de la ville* un texte consacré à la banlieue, « Je viens de là ».

[...]
Je viens de là où les mecs traînent en bande pour tromper l'ennui
Je viens de là où, en bas, ça joue au foot au milieu de la nuit
Je viens de là où on fait attention à la marque de ses textiles
Et même si on les achète au marché, on plaisante pas avec le style

5 Je viens de là où le langage est en permanente évolution
Verlan, rebeu, argot, gros processus de création
Chez nous, les chercheurs, les linguistes viennent prendre des
                                                  rendez-vous]

---

1. ***Concomitante*** : simultanée.
2. Importé des États-Unis, le *slam* est une poésie orale urbaine, porteuse d'une dimension citoyenne, qui donne lieu parfois à des tournois auxquels concourent des participants de tous horizons.

On n'a pas tout le temps le même dictionnaire mais on a plus
de mots que vous]
Je viens de là où les jeunes ont tous une maîtrise de vannes
10 Un D.E.A.[1] de chambrettes, une repartie jamais en panne
Intelligence de la rue, de la démerde ou du quotidien
Appelle ça comme tu veux mais pour nous carotter, tiens-toi bien
On jure sur la tête de sa mère à l'âge de 9 ans
On a l'insulte facile mais un vocabulaire innovant […]

15 Je viens de là où, dès 12 ans, la tentation t'fait des appels
Du business illicite et des magouilles à la pelle
Je viens de là où il est trop facile de prendre la mauvaise route
Et pour choisir son chemin, faut écarter pas mal de doutes

Je viens de là où la violence est une voisine bien familière
20 Un mec qui saigne dans la cour d'école, c'est une image
hebdomadaire]
Je viens de là où trop souvent un paquet de sales gamins
Trouvent leur argent de poche en arrachant des sacs à main

Je viens de là où on devient sportif, artiste, chanteur
Mais aussi avocat, fonctionnaire ou cadre supérieur
25 Surtout te trompe pas, j'ai encore plein de métiers sur ma liste
Évite les idées toutes faites et les clichés de journalistes

Je viens de là où on échange, je viens de là où on s'mélange
Moi, c'est l'absence de bruits et d'odeurs qui me dérange
Je viens de là où l'arc-en-ciel n'a pas six couleurs mais dix-huit
30 Je viens de là où la France est un pays cosmopolite […]

Je viens de là où on est fier de raconter d'où l'on vient
J'sais pas pourquoi mais c'est comme ça, on est tous un peu
chauvin[2].]

---
1. *D.E.A.* : Diplôme d'études approfondies validant cinq années d'études à l'université, remplacé aujourd'hui par les Master Recherche.
2. *Chauvin* : patriote, qui va jusqu'à dénigrer tout ce qui est étranger.

J'aurais pu vivre autre chose ailleurs, c'est tant pis ou c'est tant mieux]
C'est ici que j'ai grandi et que je me suis construit...
35 Je viens de la banlieue

Grand Corps Malade, « Je viens de là », *Enfant de la ville*,
© Anouche Productions.
Avec l'aimable autorisation de Sony/Atv Music Publishing.

Compréhension et analyse
1. Relevez les caractéristiques associées à la banlieue dans la chanson. Montrez que certaines d'entre elles sont tantôt négatives tantôt positives selon le point de vue adopté.
2. En quoi peut-on parler d'engagement de l'auteur ? Étudiez en particulier les marques d'énonciation.

■ Document 4

Membres de l'Institut des sciences humaines, Hmaid Ben Aziza et Zouhour Messili se sont penchés sur la langue des cités, qui dénote une fracture linguistique née de la fracture sociale. En créant leur propre code, les « djeuns » rendent leur réseau communicationnel hermétique à ceux par qui ils se sentent exclus et affirment ainsi une identité communautaire.

Dans ces milieux, qui, du fait de la durée de la crise, se paupérisent [1] de plus en plus, émergent des valeurs et des comportements culturels différents. Les jeunes des cités, la *caillera* (la racaille) comme ils s'autoproclament se retrouvent « au ban du
5 lieu » et la banlieue est revendiquée comme leur territoire. Le quartier (*tiéquar*) des jeunes banlieusards représente le seul espace possédé et maîtrisé. Ils s'inventent leur propre identité,

---

1. *Se paupérisent* : s'appauvrissent.

identité largement influencée par la culture noire américaine, le hip-hop, caractérisée par quatre formes d'expression : musicale avec le rap ; graphique avec le tag ; vestimentaire avec le tee-shirt, le jogging, les baskets et la casquette mise à l'envers ; et orale avec un langage qui leur est propre appelé soit « langue des cités », soit « parler des jeunes » soit « téci ».

La langue reflète le degré de prise en compte de la présence de l'autre. Elle est en effet, pour ces jeunes des cités, un des moyens pour exprimer la haine, pour crier l'injustice et l'intolérance exercées sur eux. Nous essayerons d'analyser comment, à travers des processus formels ou sémantiques [1], les jeunes des banlieues se révoltent contre l'exclusion de la société par un langage communautaire exclusif. La langue des cités est pour toute une jeunesse « oubliée » une manière d'affirmer son identité et de se démarquer des autres. Pour communiquer dans un groupe de pairs [2], il faut en effet un langage commun. Le parler des jeunes, avec ses diverses codifications, fonctionne comme signe d'appartenance à un groupe en révolte contre l'exclusion. À travers différents jeux de langue complexes (le verlan, la troncation, les métaphores et les métonymies, les emprunts, entre autres), ce langage montre une capacité à servir de langue communautaire hermétique.

L'univers du français académique évoque l'autorité, le pouvoir, le monde du travail qui leur est barré par le chômage ou la discrimination. Ce français normatif les renvoie à l'échec scolaire que connaissent beaucoup d'entre eux. La langue des cités leur permet de surmonter l'éclatement et l'instabilité liés à leur condition socio-économique et à leur sentiment de rejet par les autres et ainsi de se doter d'une unité de conscience. Le fait de dire « nous ne parlons pas comme vous » est une procédure de résistance, de renvoi à l'autre de la pression qu'il exerce par le haut.

---

1. *Sémantiques* : qui jouent sur le sens.
2. *Pairs* : voir note 3, p. 47.

Le français des cités est un type d'argot (dans le sens linguistique) contemporain parmi d'autres, essentiellement identitaire. Selon Pierre Guiraud [1], « l'argot [...] est le signe d'une révolte, un refus et une dérision de l'ordre établi incarné par l'homme que la société traque et censure ». Une pratique linguistique est révélatrice d'une pratique sociale. Les jeunes des cités s'identifient à leurs mots, à leurs expressions. Dans un territoire où vit une population qui a le sentiment d'être exclue, la façon dont on parle doit afficher une culture d'opposition de principe, une émancipation sur le registre de la rébellion aux codes. Il faut peut-être y voir aussi un jeu : on peut se sentir mieux en se positionnant en tant qu'exclu qu'en acceptant d'entrer dans le moule de la société. L'expérience de l'exclusion affecte le jeune qui sent qu'il appartient à un groupe social stigmatisé [2] et parallèlement affecte la légitimité de ou des Institutions. La langue des cités dénote donc une « fracture linguistique » née de la fracture sociale.

© Zouhour Messili, Hmaid Ben Aziza, « Langage et exclusion. La langue des cités en France », *Cahiers de la Méditerranée* (http://cdlm.revues.org/729), 2004, n° 69.

Compréhension et analyse

1. Par quels moyens les jeunes des cités peuvent-ils affirmer leur identité ?
2. En quoi la langue des cités révèle-t-elle une « fracture linguistique » née de la fracture sociale ?

---

1. *Pierre Guiraud* (1912-1983) : linguiste français.
2. *Stigmatisé* : condamné.

2. De la tentation du repli communautaire à l'expression de la révolte

■ **Document 5**

Akram B. Ellyas explique dans cet article comment, à Sarcelles, située en banlieue parisienne dans le Val-d'Oise, l'essor des communautarismes a peu à peu supplanté l'image de « havre de tolérance » qui était celle de la ville.

Première constatation : le temps des « potes » est bel et bien terminé. Les jeunes ne jurent désormais que par la « communauté » ou la « religion » et ne croient plus au métissage. « Les nouvelles générations se regroupent selon l'origine ethnique ou
5 religieuse et non plus selon les critères habituels de voisinage. On est d'abord juif, arabe ou noir. Il ne faut pas, bien entendu, généraliser cela à toutes les cités, mais c'est la tendance la plus significative, et même les parents se laissent emporter par le discours identitaire », reconnaît une assistante sociale qui travaille
10 à Sarcelles depuis plus de vingt ans. Hier comparée à un havre de tolérance du fait de la multiplicité de ses populations, la ville semble tentée par le repli communautaire. On reste délibérément « entre soi » et, si l'on a affaire à un journaliste, on ne se prive pas d'accuser avec hargne les « autres » d'être à l'origine
15 des problèmes de la cité.

À l'ombre des tours, les trois grandes familles s'épient, se chamaillent et en arrivent parfois aux pires extrémités. Phrases recueillies au hasard et qui reviennent comme des échos insupportables. « La majorité des bagarres entre adolescents est due
20 aux Noirs. Il faut voir ce qu'ils nous font endurer. Leur manière de montrer qu'ils sont Français, c'est d'être agressifs et de mettre tout le monde, même leurs compagnons de misère, sur la

défensive », clame à voix haute un épicier d'origine marocaine.
« Les Arabes ne se disent plus Maghrébins, mais musulmans.
C'est une manière de rompre tout lien avec nous, notamment les juifs d'origine séfarade. On n'est plus cousins, mais ennemis en religion. C'est vraiment inquiétant car, jusqu'à présent, il y avait une sorte d'alliance bienveillante entre nous. Tout cela remonte à l'apparition de militants islamistes [1] qu'on a laissés essaimer dans la ville », s'indigne André, propriétaire d'une petite boutique au centre commercial des Flânades. « Les juifs ne veulent pas de nous à Sarcelles. Ils sont prêts à tout pour nous chasser et refusent systématiquement de nous vendre ou louer des appartements », s'insurge Antoine, un fonctionnaire d'origine antillaise.

La ville devient ainsi un territoire que l'on doit « garder pour les siens » en affrontant, même violemment, les autres, suspectés de vouloir s'étendre à tout prix. Le Front national pourrait bel et bien être le premier bénéficiaire de cette situation. Présents sans relâche sur le terrain, ses militants, lorsqu'ils ont affaire à des « Français de souche », ont bien entendu recours avec de plus en plus de succès au discours xénophobe. Mais la nouveauté est que ces croisés de la préférence nationale [2] savent aussi utiliser au mieux les tensions communautaires en faisant des Maghrébins des interlocuteurs privilégiés. [...]

Les paroles violentes et antisémites de certains textes de rap figurent aussi au banc des accusés. « Cette culture des ghettos importée des États-Unis va nous faire très mal, avertit le responsable d'une association. Les jeunes, surtout ceux qui ont entre 8 et 12 ans, se fondent dans un moule qui n'a rien à voir avec la réalité française mais qui risque de le devenir. » Si des groupes

---

1. *Islamistes* : voir note 1, p. 24.
2. *Les croisés de la préférence nationale* : ces défenseurs de la préférence nationale, proposition du Front national, qui consisterait à accorder la priorité aux personnes de nationalité française pour l'accès au logement et aux services sociaux.

qui prônent la tolérance, tels que MC Solaar ou Alliance Ethnik, conservent un certain crédit, les formations *underground* qui se contentent de traduire les textes américains ont le vent en poupe.

« Qu'allons-nous faire de ces jeunes qui ne jurent que par le baston, l'embrouille ou le territoire ? Qu'allons-nous faire de ces gamins qui ne sont pas encore adolescents et qui ne rêvent que d'une seule chose : posséder une arme à feu et créer leur propre gang ? », s'inquiète une institutrice…

Akram B. Ellyas, « Replis communautaires à Sarcelles »,
© *Le Monde diplomatique*, « Manière de voir »,
octobre-novembre 2006, n° 89, p. 46-47.

Compréhension et analyse
1. À Sarcelles, comment se traduit la hausse du communautarisme ?
2. Quels pourraient être les bénéficiaires et les victimes de cette situation ? Pourquoi ?

■ Document 6

Le concept de Zone urbaine sensible (Zus) est créé en 1996 ; il s'agit de territoires urbains connaissant de graves difficultés et que les financements publics doivent aider en priorité. Depuis près d'une décennie, l'Observatoire national des zones urbaines sensibles (Onzus) ausculte les sept cent cinquante et une Zones urbaines sensibles du pays, offrant un regard détaillé sur ces quartiers situés principalement en banlieue et qui aujourd'hui abritent plus de quatre millions d'habitants. Extraits du rapport annuel 2012 de l'Onzus, les deux graphiques suivants mettent en évidence le fort taux de chômage qui y sévit et l'important sentiment d'insécurité éprouvé par ceux qui y habitent.

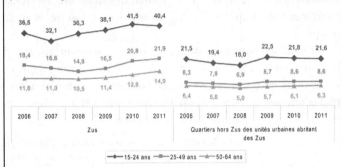

Taux de chômage dans la population active de 15 à 64 ans selon le lieu de résidence, par classe d'âge, de 2006 à 2011 (en %)

Source : enquête Emploi en continu de l'Insee.
Champ : actifs de 15 à 64 ans en Zus métropolitaines ou unités urbaines englobantes.
Traitements : Onzus.

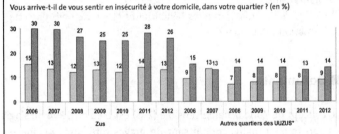

Vous arrive-t-il de vous sentir en insécurité à votre domicile, dans votre quartier ? (en %)

(*) UUZus : unités urbaines ayant au moins une Zus.
Source : Insee, enquêtes PCV-« Cadre de vie et sécurité », janvier 2006, enquêtes
« Cadre de vie et sécurité », janvier 2007 à janvier 2012.
Champ : population de 14 ans ou plus.
Traitements : Onzus.
Lecture : en janvier 2012, 13 % des habitants des Zus déclaraient se sentir en insécurité à leur domicile souvent ou de temps en temps, et également 9 % dans les autres quartiers des mêmes agglomérations.

Compréhension et analyse
1. Comparez le taux de chômage dans et hors Zus. Que remarquez-vous ? Qu'en déduisez-vous ?
2. Le sentiment d'insécurité est-il éprouvé de la même façon dans son habitation et dans son quartier ? À votre avis, d'où provient ce malaise ?

■ Document 7

Née en 1973, l'écrivaine franco-camerounaise Léonora Miano a reçu de nombreux prix pour son œuvre romanesque. Son identité « afropéenne », nourrie des cultures des deux continents, imprègne ses récits. Dans la nouvelle « Filles du bord de ligne », l'auteur met en scène un groupe de jeunes filles issues de milieux défavorisés dont on ne connaît ni le prénom, ni le parcours. « Fleurs de rocaille jaillies du béton », les jeunes filles expriment le sentiment qu'elles ont d'être exclues par la société en adoptant une attitude violente envers elle.

    La rue ne leur était pas ce qu'elle est pour tant d'autres. La ligne de jonction entre deux points. Pour elles, c'était l'espace. Celui qui manquait dans les logements où trop de frères et sœurs s'agglutinaient, où on se marchait les uns sur les autres,
5 où on devait attendre son tour pour faire ses devoirs sur la table d'une pièce dont on ne savait si elle était chambre, cuisine ou salle de séjour. Elles faisaient rarement leurs devoirs. Cela ne leur disait rien. Et puis, il y avait trop de monde autour. Trop de voix. Trop de visages portant la marque de cent déconfi-
10 tures[1], de mille frustrations. Ce qu'elles voulaient, c'était rire un peu. Dépenser l'énergie que la pièce exiguë comprimait. Échapper à la rengaine sur les traditions, à l'obligation faite aux filles

---

1. *Déconfitures* : échecs complets.

de bien se comporter, parce que leur conduite attestait de la moralité des familles. Les parents n'avaient plus que cela : l'idée qu'ils se faisaient de la morale. Ils s'y cramponnaient parce que tout le reste les avait fuis.

Quand elles avaient le cœur léger, elles se passaient le lecteur mp3 que possédait l'une d'elles. Elles dansaient dans la rue. [...]

Leurs danses avaient quelque chose d'extrême. La gestuelle débridée de cœurs en quête d'amour, sans savoir ni où, ni comment le trouver. Certains passants n'appréciaient pas le spectacle, disaient les trouver vulgaires. Elles ne savaient pas vraiment ce que signifiait ce mot, mais le ton sur lequel on le leur lançait leur déplaisait. Alors, elles éteignaient la musique. Elles écartaient un peu les jambes pour prendre appui sur le bitume, et elles répondaient. Elles criaient comme on crache. Insultaient les passants, même quand il s'agissait de vieilles dames pouvant être leurs grand-mères. Elles menaçaient de passer voir chez eux les importuns. Elles mettraient tout à sac. Ne laisseraient que des lambeaux. Un rien les blessait. La moindre parole jugée méprisante. Le moindre regard désapprobateur[1]. Bien des gens ne passaient plus par là. Les voyant dans la rue, on faisait un détour. On leur laissait l'espace. Elles dansaient de plus belle. Parfois, elles regrettaient de n'avoir qu'un mp3 à faire tourner d'une paire d'oreilles à l'autre. Elles auraient voulu quelque chose de plus grand. Un appareil dont le son aurait pu emplir l'air de la rue. Elles danseraient toutes en même temps. Mais le *ghetto blaster*[2] était passé de mode.

Quand elles n'avaient pas le cœur à danser et qu'il leur fallait tout de même dépenser cette énergie qu'elles ne maîtrisaient pas, il leur arrivait de quitter leur territoire. Elles grimpaient dans un bus sans payer, s'asseyaient au coin d'une autre rue.

---

1. *Désapprobateur* : traduisant un jugement défavorable.
2. *Ghetto blaster* : gros lecteur de cassette, en vogue dans les années 1980. (Note de l'auteur du texte.)

Tapies derrière une vieille voiture maculée de tags et de fiente de pigeons, elles guettaient. D'autres filles. Celles qui avaient tout ce dont elles étaient privées. Un grand appartement, une famille non élargie, des vacances à la mer, des séjours à l'étranger. Des filles aux cheveux longs, naturellement lisses. Se jetant sur elles, elles leur assénaient des coups, leur taillaient le visage à l'aide de morceaux de sucre[1] qu'elles gardaient par-devers elles. Ils étaient aussi redoutables qu'une lame. Elles emportaient des trophées : un blouson, une paire de baskets dernier cri, le souvenir, surtout, de l'effroi dans les yeux bleus.

Léonora Miano, « Filles du bord de ligne »,
Afropean Soul et autres nouvelles,
Flammarion, coll. « Étonnants Classiques », 2008, p. 47-50.

Compréhension et analyse

1. Que représente la danse pour ces jeunes filles en regard de leurs conditions de vie ? Justifiez votre réponse en analysant les champs lexicaux qui y réfèrent.
2. Comment cet extrait explique-t-il la violence dont les jeunes filles font preuve ?

■ Document 8

Sociologue français né en 1968, Laurent Mucchielli consacre un essai à la crise des banlieues : *Quand les banlieues brûlent*. Il s'intéresse aux émeutes de novembre 2005 et réfléchit aux raisons profondes de la colère des émeutiers. Dans cette perspective, il interroge douze jeunes d'un quartier classé « Zone urbaine sensible » du département des Hauts-de-Seine, âgés de 15 à 20 ans et ayant participé à ces violences.

---

[1]. Les blessures infligées avec un morceau de sucre cicatrisent mal.

Certains émeutiers évoquent d'abord les événements de Clichy-sous-Bois [1], surtout pour dire que la police en est responsable et que le ministre de l'Intérieur [2] a tenté de le dissimuler. En réalité, à une exception près (un jeune ayant des amis à Clichy), le drame initial est évoqué sans plus d'émotion. Plusieurs insistent en revanche sur la grenade lacrymogène tirée en direction de la mosquée [3] et, là encore, c'est moins la grenade elle-même qui les révolte que l'absence d'excuses de la part de la police. Dans les deux cas, c'est donc ce qui est considéré comme un déni et un mensonge de la part des autorités qui fonde l'indignation et le *sentiment de légitimité morale* de la colère émeutière.

Ensuite, en réponse à la question du « pourquoi » de leur conduite, les émeutiers parlent tous, avec une profusion de détails, de leur propre expérience de vie. C'est elle qui nourrit en profondeur la « rage » qu'ils ressentent. La question se déplace alors vers le contenu de cette expérience, que l'on peut résumer en parlant d'un *vécu d'humiliations multiples accumulées*. Certains racontent des expériences de discriminations à l'embauche, voire font du racisme une explication généralisée. La plupart font remonter leur sentiment d'injustice et d'humiliation à l'école. Enfin, tous, sans exception, les lient avec le comportement des policiers.

Ainsi, la vengeance envers les policiers peut être considérée comme la principale motivation des émeutiers, *a fortiori* lorsque – de nombreux témoignages convergent en ce sens – cette police

---

1. *Clichy-sous-Bois* : ville de la banlieue parisienne, en Seine-Saint-Denis. Le 27 novembre 2005, lors d'un contrôle d'identité, deux adolescents de la ville prirent la fuite devant les policiers. Réfugiés dans un poste électrique, ils s'électrocutèrent mortellement. Lors des affrontements entre jeunes et forces de l'ordre qui s'ensuivirent, des policiers lancèrent une grenade lacrymogène vers la mosquée de Clichy-sous-Bois. Ces incidents furent le point de départ des émeutes.
2. Nicolas Sarkozy, sous la présidence de Jacques Chirac.
3. Voir note 1, ci-dessus.

ne s'est pas contentée de subir la violence des jeunes mais est parfois venue la provoquer (par exemple en se déployant massivement et en multipliant les contrôles et les provocations verbales dans des quartiers où il n'y avait pas encore eu d'incidents). Cela peut étonner tant le discours médiatico-politique dissimule ces rapports de force, ces provocations, ces violences et ces vengeances qui structurent au quotidien les rapports entre groupes de jeunes et groupes de policiers et qui constituent une dimension majeure de l'expérience de vie de ces jeunes. Méconnaître cette réalité, c'est s'interdire de comprendre le déclenchement et le déroulement des émeutes. C'est aussi s'interdire de comprendre pourquoi les discours du ministre de l'Intérieur ont cristallisé le sentiment d'humiliation de ces jeunes et ont eu un impact réel : avant les émeutes, ils ont contribué à « chauffer les esprits », pendant les émeutes ils ont jeté de l'huile sur le feu.

Par ailleurs, pour une moitié des émeutiers rencontrés, en particulier ceux qui sont sortis du système scolaire, qui se trouvent sans travail et souvent dans la délinquance de survie comme le petit trafic de cannabis, l'agressivité et le ressentiment s'expriment aussi à l'égard d'une autre institution : l'école. Cela peut contribuer à expliquer une autre caractéristique de ces émeutes, à savoir le nombre inédit de bâtiments scolaires touchés.

Ainsi, l'école symbolise, aux yeux de ces jeunes, l'institution qui a « gâché [leur] avenir », c'est-à-dire qui leur a fermé la possibilité d'une insertion dans la société et les a fortement humiliés. Ils accusent de surcroît les enseignants d'être des personnes hypocrites tenant un discours sur la réussite que démentirait leur pratique conduisant à marginaliser[1] ces jeunes issus de l'immigration dans les classes, à ne pas leur apporter l'aide dont ils

---

1. *Marginaliser* : mettre à l'écart.

ont d'autant plus besoin que leurs parents ne peuvent pas les soutenir sur ce plan.

Laurent Mucchielli, *Quand les banlieues brûlent :
retour sur les émeutes de novembre 2005*,
© La Découverte, coll. « Sur le vif », 2007, p. 23-30.

Compréhension et analyse
1. Quelles sources de colère l'extrait recense-t-il chez les émeutiers ?
2. Peut-on dire que la raison de leur révolte est essentiellement liée à leur sentiment d'exclusion et de discrimination ? Justifiez votre réponse.

3. Politiques de développement

■ Document 9

Dans un ouvrage consacré aux problèmes des banlieues, Jean-Marc Stébé, professeur de sociologie (né en 1956), souligne qu'il n'existe pas une banlieue unique mais des territoires péri-urbains divers confrontés à des problèmes de misère, de violence et de ségrégation. Dans le quatrième chapitre, il recense plusieurs remèdes à la « crise des banlieues », tous regroupés au sein de ce que l'on appelle la politique de la ville.

Depuis plus de trente ans, les pouvoirs publics s'attachent à prodiguer des remèdes aux banlieues sensibles qui s'enfoncent un peu plus chaque jour dans la misère et sont l'objet d'une importante mise à l'écart. Regroupés au sein de ce qui est
5 appelé, de façon générique, la politique de la ville, ces remèdes vont des opérations techniques (rénovation du cadre bâti,

amélioration de l'environnement urbain, démolition d'immeubles…) aux moyens économiques (implantation d'équipements supplémentaires, création d'activités nouvelles…), en passant par les interventions sociales (développement d'animations socioculturelles, lutte contre les pratiques délinquantes et toxicomaniaques, promotion de la santé…) et les actions d'insertion professionnelle (création d'emplois de proximité, constitution de zones défiscalisées…). En outre, l'accentuation des exclusions sociales, l'accroissement des clivages résidentiels et l'éloignement de plus en plus prononcé des classes moyennes des couches populaires ont incité les gouvernements, au cours de cette dernière décennie, à faire de la mixité, le credo [1] de la lutte contre les ségrégations sociales et urbaines, autrement dit l'instrument majeur des politiques urbaines de lutte contre les processus de ghettoïsation. […]

Les contrats de ville [2], arrivant à échéance, sont remplacés depuis le 1er janvier 2007 par les CUCS [3]. D'une durée de trois ans reconductibles (2007-2012), les CUCS sont élaborés à l'initiative du maire et/ou du président de l'Établissement public de coopération intercommunale (EPCI) et du préfet de département. Chaque CUCS comporte un projet urbain de cohésion sociale visant des quartiers en difficulté. Ce projet, se déclinant en programmes d'actions de trois ans, assortis d'objectifs précis et évaluables, s'organise autour de cinq priorités : 1. favoriser l'accès à l'emploi et développer l'activité économique ; 2. améliorer l'habitat et le cadre de vie ; 3. assurer la réussite éducative ; 4. prévenir la délinquance et favoriser la citoyenneté ;

---

1. *Credo* : principes que l'on estime essentiels et sur lesquels on règle sa conduite, par référence au credo des catholiques (« je crois », en latin), prière contenant un abrégé des principaux dogmes de l'Église.
2. *Contrats de ville* : contrats passés entre l'État, les collectivités locales et leurs partenaires, créés par la loi du 10 juillet 1989 et qui permettaient de réaliser des projets urbains.
3. *CUCS* : Contrats urbains de cohésion sociale.

5. améliorer l'accès aux soins. En outre, l'ensemble des programmes, des dispositifs et des contrats mis en place antérieurement dans le cadre de la politique de la ville sont intégrés dans les CUCS, notamment les Zones franches urbaines (ZFU), les Contrats éducatifs locaux (CEL), les Ateliers santé ville (ASV), les Contrats locaux de sécurité (CLS) et les dispositifs Ville-vie-vacances (VVV).

Réaffirmant les principes fondateurs de la politique de la ville (interventions sur des territoires ciblés et leurs habitants, synergies [1] intercommunales des compétences et des moyens matériels et humains), le nouveau dispositif ne rompt pas avec la philosophie des contrats de ville. Il introduit néanmoins deux nouveautés : l'Agence nationale pour la cohésion sociale et l'égalité des chances (Acsé) et un classement en trois catégories des quartiers sélectionnés. Tout d'abord, à côté de l'Anru [2], chargée de rénover cinq cent trente quartiers défavorisés d'ici 2013, l'Acsé a pour mission de mettre en œuvre les programmes opérationnels de développement social inscrits dans les CUCS. Autrement dit, cette nouvelle structure, placée, tout comme l'anru sous la tutelle du ministre de la Cohésion sociale, devient l'opérateur des actions dans les domaines entre autres de l'éducation, de la santé, de la prévention de la délinquance et de la reconsolidation du lien social. Dans un souci d'efficacité et de simplification, « l'Anru pour le bâti », « l'Acsé pour l'humain » et la DIV [3] pour la coordination entre ces deux structures (C. Vautrin, *La Lettre de la DIV*, 109, 2006), deviennent les organes institutionnels centraux de la future politique de la ville en France. Puis, nous voyons apparaître une nouvelle géographie des territoires prioritaires. Désormais, les quartiers des communes sont classés en trois catégories : 1. ceux qui nécessitent « absolument une

---

1. *Synergies* : actions coordonnées, associations.
2. *Anru* : Agence nationale pour la rénovation urbaine.
3. *DIV* : Délégation interministérielle à la ville.

intervention massive et coordonnée » ; 2. ceux qui ont « des difficultés moindres, mais ont tout de même besoin de moyens spécifiques au-delà des crédits de droit commun[1] » ; et enfin, 3. les quartiers qui peuvent « se contenter d'actions de prévention ou de coordination de droit commun » (*La Lettre de la DIV*, 112, 2006).

Jean-Marc Stébé, *La Crise des banlieues*, © PUF, coll. « Que sais-je ? », 1999 ; rééd. 2007, p. 94-121.

Compréhension et analyse

1. Quelles sont les mesures adoptées par la politique de la ville pour freiner le mouvement de ghettoïsation et dynamiser l'habitat ?

2. En quoi ces mesures ont-elles pour but de mettre fin à la fracture sociale ?

■ Document 10

En 2011, dénonçant le manque d'investissements de l'État français dans les banlieues, une association demande l'aide du Qatar, émirat du Proche-Orient riche des revenus du pétrole. Dans l'article suivant, le journaliste Willy Le Devin s'intéresse à la polémique soulevée par un fonds destiné aux banlieues françaises en provenance du Qatar. Ce projet a finalement été accepté par le gouvernement en septembre 2012.

Que le Qatar investisse dans le football ou les entreprises du CAC 40, c'est de bonne guerre. Mais que l'émirat se pose en grand financier des banlieues de la République, c'est une autre affaire. Arnaud Montebourg l'a bien compris. Le ministre du Redressement productif a pourtant entériné, jeudi, l'idée d'un

---

1. *Droit commun* : voir note 2, p. 108.

fonds à capitaux qataris à destination des quartiers. Mais, en modifiant sa nature par une participation inattendue de l'État français. Montebourg clôt ainsi un an d'une brûlante chamaillerie politique. Et fait avaler la pilule à ceux qui éructaient[1] contre « la vente » des banlieues à une puissance étrangère, de surcroît islamique[2].

Tout commence en novembre 2011. Une poignée d'élus, réunis au sein de l'Association nationale des élus locaux pour la diversité (Aneld), toquent à la porte de l'émir du Qatar pour lui demander d'investir dans les banlieues. La démarche est simple : puisque la France ne s'occupe pas de ses quartiers populaires, peut-être que d'autres, plus riches, s'y attelleront avec joie. « Nous jugeons criminelle l'inaction des pouvoirs publics, confie alors le président de l'Aneld et conseiller municipal de La Courneuve (Seine-Saint-Denis), Kamel Hamza. Le taux de chômage dans certaines Zones urbaines sensibles atteint 40 % chez les jeunes. Il est urgent de stimuler le tissu économique. Je ne vois pas pourquoi le Qatar ne pourrait pas nous aider. »

« Fol espoir »

Doha[3] n'hésite pas une seconde et propose 50 millions d'euros. Il est vrai que l'argumentaire de l'Aneld est d'un pragmatisme confondant. Mais confier au Qatar le sort de populations dont la France ne daigne pas s'occuper fait tousser certains. Ainsi, le sénateur (PS) et ancien maire de Clichy-sous-Bois (Seine-Saint-Denis), Claude Dilain, s'emporte, début janvier, contre « un projet dangereux. Peut-on imaginer les États-Unis investir 10 millions d'euros dans l'Éducation nationale ? » À la même période, alors que la course à la présidentielle s'intensifie, c'est Marine Le Pen, qui, pour d'autres raisons, s'enflamme : « Les investissements massifs du Qatar en banlieue

---

1. *Éructaient* : s'exprimaient bruyamment.
2. *Islamique* : voir note 1, p. 24.
3. *Doha* : capitale du Qatar.

le sont à raison de la proportion très importante de musulmans qui sont dans les banlieues françaises. C'est donc critiquable, parce qu'on laisse un pays étranger choisir ses investissements en fonction de la religion de telle ou telle partie de la population. » Flairant l'embarrassante polémique sur le chemin de sa réélection, Nicolas Sarkozy demande donc à son ministre de l'Intérieur, Claude Guéant, de temporiser. Fin mars, le fonds est gelé le temps d'y voir plus clair. Mais en mai, les socialistes conquièrent le pourvoir. Et eux non plus ne sont pas insensibles aux pétrodollars [1] qataris. Seulement, François Hollande et Arnaud Montebourg préfèrent allouer les 50 millions aux PME [2] plutôt qu'aux banlieues.

Pour les élus de l'Aneld, c'est une trahison. D'autant qu'ils apprennent la nouvelle en lisant *Le Parisien*. « C'est nous qui sommes allés chercher cet argent. C'est honteux que les banlieues en soient privées. L'annonce du fonds y a fait naître un fol espoir. À l'Aneld, nous avons reçu des centaines de projets de jeunes entrepreneurs qui ont vu là la chance de leur vie », clame alors Kamel Hamza. En rétablissant l'idée de départ en fin de semaine dernière, Montebourg contente donc tout le monde. En plus, le ministre a annoncé que le fonds serait « d'au moins 100 millions d'euros ».

« Bienfaiteur »

À l'Aneld, on savoure que « ce soit Noël avant l'heure ». En revanche, Montebourg n'a pas précisé le montant de la participation française. En coulisses, on assure que le Qatar restera bien le plus gros contributeur du fonds, qui ne s'adressera plus aux seuls quartiers populaires, mais sera élargi aux zones rurales paupérisées [3]. « Ainsi, il n'y aura plus personne pour expliquer que le Qatar cherche à vendre des paraboles aux Arabes des

---

1. *Pétrodollars* : dollars obtenus grâce aux revenus de l'exploitation pétrolière.
2. *PME* : Petites et moyennes entreprises.
3. *Paupérisées* : devenues pauvres.

quartiers », confie une source proche du dossier. Qui affirme quand même « qu'avec ce fonds, le Qatar est pleinement dans une stratégie de conquête de l'opinion publique. S'afficher en bienfaiteur des banlieues, c'est une façon pour les Qataris de se faire accepter pour aller encore plus loin. On est presque dans l'humanitaire ».

Willy Le Devin, « Perfusion qatarie pour les quartiers »,
© Libération, 23 septembre 2012.

Compréhension et analyse

1. En quoi consiste le projet signé entre la France et le Qatar ? De quelle manière a-t-il évolué depuis qu'il en a été la première fois question ?
2. Quelles polémiques a déclenchées le projet de financement de mesures de politique de la ville par un État islamique ?

■ Document 11

Interpellés par le mal-vivre des banlieues, les conseils régionaux de l'Ordre des architectes ont fait paraître en 2005 un texte dans lequel ils affirment leur volonté de contribuer à la réflexion sur la banlieue, à l'offre de choix et de mobilité résidentiels et à la lutte contre la ségrégation spatiale. L'extrait ci-dessous présente quelques-unes de leurs propositions : alors que les politiques récentes consistent à démolir les grands ensembles d'immeubles pour les remplacer par des quartiers pavillonnaires, les architectes militent pour une rénovation urbaine en profondeur.

La démolition ne doit pas tenir lieu de projet urbain

La démolition doit être pensée comme un outil parmi d'autres de la recomposition urbaine et non comme un objectif en soi.

D'autant plus que certaines restructurations, mêlant réhabilitations lourdes et constructions neuves (comme Lorient) ont porté leurs fruits.

L'annonce des démolitions a suscité un climat anxiogène[1] dans certains quartiers car les démolitions ne prennent pas suffisamment en compte l'attachement des habitants à leur quartier et sont vécues comme une négation de leur passé. L'état de dégradation de certaines cités est davantage lié au manque d'entretien et d'aménagement, qu'aux dégradations dues aux habitants, lesquels ressentent cette situation comme une forme d'abandon des pouvoirs publics.

Certaines démolitions sont aussi perçues comme un prétexte pour envoyer « ailleurs » des populations non souhaitées.

La modernité de l'architecture de la reconstruction doit être assumée sans stigmatisation[2]. En effet, la ville se constitue par un processus lent d'intégration historique. La forme « architecturale » n'est pas criminogène[3] en elle-même.

La densité n'est pas *le* problème

La densification fait peur. Pourtant il faut distinguer entre densité réelle et densité vécue. Les grands ensembles sont, même s'ils sont hauts, peu denses.

Leur densité équivaut à un coefficient d'occupation du sol (COS) de 0,6 à 0,7 en moyenne, parfois moins, alors que l'îlot haussmannien[4] a un COS sept fois supérieur. Si la typologie des barres et des tours donne une impression d'entassement, d'écrasement, de monotonie et un caractère impersonnel, c'est lié à la démesure des espaces bâtis et des espaces extérieurs.

Le grand ensemble n'est en général pas dense, mais il concentre néanmoins les plus démunis dans une forme de

---

1. *Anxiogène* : porteur d'angoisse.
2. *Stigmatisation* : condamnation.
3. *N'est pas criminogène* : ne pousse pas au crime.
4. *Îlot haussmannien* : îlot triangulaire d'immeubles, caractéristique des grands boulevards parisiens.

« ghetto » qui rend l'intégration urbaine et sociale difficile et justifie leur rénovation. [...]

Pour des espaces publics requalifiés

Les espaces publics des banlieues doivent être requalifiés et aménagés avec le même soin qu'en centre-ville (revêtements de sol, mobilier urbain, plantations...) et accueillir une densité et mixité programmatique qui donne corps « au vivre ensemble ». [...]

Mixité des programmes

Il est nécessaire de réfléchir à l'attractivité des quartiers en terme de programme mais aussi à leur dimension symbolique et leur « valeur ajoutée ». Un quartier attractif est un quartier où l'on se rend pour de multiples raisons (et pas seulement pour « dormir » ou « consommer »). Les villes attirent par leurs équipements (sportifs, culturels, sociaux, sanitaires, associatifs, cultuels), leurs emplois, services et espaces publics. Tous ces éléments définissent des « centralités » multiples et participent du lien social. Les communes doivent présenter une « offre urbaine » attirante.

Les grands ensembles peuvent spatialement supporter des greffes de programmes de nature différente, logements non sociaux à prix compétitifs, bâtiments d'activité, équipements, services à la population...

L'évolution de ces quartiers doit se faire à partir de diagnostics urbains, sociaux, économiques et techniques mais surtout, dans une dynamique de projet.

Jean-Philippe Defawe, « Urgence des banlieues :
la réponse des architectes », © www.lemoniteur.fr, 15 décembre 2005.

Compréhension et analyse

1. Quels sont les éléments architecturaux proposés pour réhabiliter les banlieues ?
2. Selon les architectes, pourquoi ne faut-il pas réfléchir uniquement en termes de logements ?

Document 12

À Rezé, petite commune de la banlieue de Nantes, se trouve la Cité radieuse, « maison » de cinquante-deux mètres de haut, cent-huit mètres de long et dix-neuf mètres de large, œuvre de l'architecte Le Corbusier, qui avait déjà bâti la Cité radieuse à Marseille en 1952. Village vertical appelé « Unité d'habitation », cet immeuble de deux cent quatre-vingt-quatorze logements est installé dans un parc boisé de six hectares au pied d'une pièce d'eau et est destiné en priorité aux personnes aux ressources modestes. Il comporte des rues intérieures, des lieux de réunion pour les habitants et une école maternelle sur la terrasse.

Compréhension et analyse
En vous appuyant sur la présentation de ce projet architectural et sur le nom dont il a été baptisé, tentez de définir le but de l'architecte. Que pensez-vous de la réalisation ?

Prolongements

🖱 Exposés
– Le Corbusier et la Cité radieuse de Marseille.
– Les émeutes de 2005.

✒ Vers l'examen
Synthèse de documents : vous confronterez les documents 4, 6, 7 et 8 autour du mal-être dans les banlieues.
Écriture personnelle : 1. Pensez-vous qu'il y ait de l'espoir en banlieue ? 2. Selon vous, la marginalisation des banlieues est-elle la cause de la crise qui s'y joue ?

📖 À lire
– **Léonora Miano**, *Afropean Soul et autres nouvelles*, Flammarion, coll. « Étonnants Classiques », 2008. [À travers cinq nouvelles, l'auteur dessine les visages de celles et de ceux que l'on croise sans les voir, qu'ils vivent dans la rue, dans la cité ou dans un centre d'hébergement d'urgence... Voir aussi p. 119.]
– **Thierry Jonquet**, *Ils sont votre épouvante et vous êtes leur crainte*, Seuil, 2006. [Anne Doblinsky rejoint son premier poste de professeur à Certigny, banlieue du 9-3. Au milieu des HLM et de la zone industrielle, le quotidien de la jeune femme est rythmé par les trafics de drogue et les règlements de comptes entre bandes rivales. Alors que les islamistes salafistes prennent de l'importance et que les communautarismes se renforcent, l'histoire bascule peu à peu dans la tragédie...]

👁 À voir
– **Mathieu Kassovitz**, *La Haine*, 1995. [Dans une banlieue ordinaire, le morne quotidien de trois jeunes se trouve bouleversé lorsque, pendant un interrogatoire, un policier se déchaîne contre leur ami Abdel Ichaha. Le passage à tabac du jeune homme déclenche une nuit d'émeutes, et les trois amis n'ont plus qu'une idée en tête : venger Abdel.]

– **Abdellatif Kechiche**, *L'Esquive*, 2003. [Krimo a 15 ans et habite dans une cité HLM de la banlieue parisienne. Son rêve : partir sur un voilier au bout du monde. En attendant, il supporte le quotidien banal de la cité et tombe sous le charme de sa copine de classe Lydia, une adolescente bavarde. Pour se rapprocher d'elle, il obtient le rôle d'Arlequin dans la pièce *Le Jeu de l'amour et du hasard* de Marivaux que monte son professeur de français et à laquelle participe la jeune fille...]

5. Peut-on être heureux au travail ?

📷 Entrée par l'image
Gustave Caillebotte, *Les Raboteurs de parquet*, 1875 (cahier photos, p. 5).
1. Quel est le sujet du tableau ? Quels éléments du tableau nous permettent de déterminer le travail des trois hommes ?
2. À quoi voit-on la pénibilité du travail effectué ? Qu'en déduisez-vous sur la valeur accordée au travail par le peintre ? Vous paraît-elle étonnante pour l'époque où le tableau a été peint ?

1. Du bonheur de travailler

■ Document 1

La Fontaine (1621-1695), célèbre fabuliste du XVIIe siècle, puise chez Ésope[1] le canevas de la fable ci-dessous. Celle-ci entend montrer que les efforts et le travail sont des valeurs essentielles et précieuses.

---

1. *Ésope* (VIIe-VIe siècle av. J.-C.) : fabuliste de l'Antiquité grecque.

Le Laboureur et ses Enfants

Travaillez, prenez de la peine :
C'est le fonds[1] qui manque le moins.
Un riche Laboureur, sentant sa mort prochaine,
Fit venir ses Enfants, leur parla sans témoins.
5 « Gardez-vous, leur dit-il, de vendre l'héritage
Que nous ont laissé nos parents.
Un trésor est caché dedans.
Je ne sais pas l'endroit ; mais un peu de courage
Vous le fera trouver, vous en viendrez à bout.
10 Remuez votre champ dès qu'on aura fait l'oût[2].
Creusez, fouillez, bêchez ; ne laissez nulle place
Où la main ne passe et repasse. »
Le père mort, les fils vous retournent le champ
Deçà, delà, partout ; si bien qu'au bout de l'an
15 Il en rapporta davantage.
D'argent, point de caché. Mais le père fut sage
De leur montrer avant sa mort
Que le travail est un trésor.

Jean de La Fontaine, « Le Laboureur et ses Enfants », *Fables*,
GF-Flammarion, 1995, livre V, 9, p. 171.

Compréhension et analyse

1. Quelles valeurs sont ici associées au travail ?
2. Recherchez la définition du mot « apologue » dans un dictionnaire. En quoi ce terme peut-il être appliqué à ce texte ? Justifiez votre réponse.

---

1. Fonds : ici, provision.
2. Fait l'oût : fait la récolte, la moisson des blés (qui a lieu l'été). La Fontaine modifie l'orthographe du mot « août » selon la règle poétique de la rime pour l'œil, en vigueur au XVIIe siècle.

Document 2

Consultant d'entreprise et formateur dans de grandes écoles, Gérard Regnault a publié de nombreux essais sur le monde de l'entreprise. Dans *Le Sens du travail*, il s'intéresse aux différentes valeurs données au travail par les salariés et par l'entreprise.

Certains salariés ne voient le travail que sous l'angle de la contrainte (beaucoup parmi les personnes de faible qualification) mais il s'avère également que d'autres trouvent des raisons possibles d'un intérêt au travail ; parmi celles-ci, en plus des plaisirs du contact et de faire, ainsi que celui de se sentir utile à la société, nous citerons encore le travail comme moyen de se réaliser, c'est-à-dire d'apprendre, de toujours s'enrichir dans des domaines les plus divers au gré des activités professionnelles et des goûts de chacun. Certains vont ainsi pouvoir découvrir d'autres peuples en travaillant dans le secteur de l'importation ou de l'exportation et il ne s'agira pas là d'une rencontre superficielle de quelques jours ou semaines au cours de vacances ; plus couramment, beaucoup vont pouvoir découvrir des cultures régionales françaises qu'ils n'auraient pas eu l'occasion de connaître autrement ; la formation continue [1] va permettre à l'ensemble des salariés de progresser professionnellement et culturellement, les deux aspects étant rendus possibles par les accords entre partenaires sociaux et différentes lois depuis plus de trente ans (encore faut-il les connaître et vouloir les appliquer) ; les contacts avec des collègues, des clients ou des fournisseurs vont parfois déboucher sur la possibilité d'activités extra-professionnelles communes et nouvelles (sport, loisirs divers, engagement associatif...).

---

1. *Formation continue* : possibilité pour le salarié de se former dans le cadre de son travail par le biais de stages, de cours et de rencontres.

Le plaisir de se réaliser personnellement à travers le travail paraît concerner un nombre assez important de salariés, surtout parmi les cadres, cet objectif paraissant la plupart du temps inatteignable à ceux qui occupent un emploi où les responsabilités et possibilités d'évolution sont faibles (ouvriers et employés peu qualifiés pour lesquels, fréquemment, seul le hors-travail peut présenter le cas échéant un sens vraiment positif sur le plan personnel).

> Gérard Regnault, *Le Sens du travail*, © L'Harmattan, coll. « Logiques sociales », 2004, p. 41-42.

Compréhension et analyse
1. Selon le texte, quels sont les facteurs possibles d'un intérêt au travail ?
2. D'après l'auteur, comment peut-on se réaliser personnellement à travers le travail ?

■ Document 3

Dans l'article suivant extrait du site web du *Figaro*, les journalistes Jean-Luc Nothias et Pascale Senk s'interrogent sur ce qui peut être source d'épanouissement au travail.

À force d'identifier les souffrances au travail, ce qui était nécessaire vu l'augmentation du nombre de plaintes dans les consultations spécialisées, on en est arrivé à ne plus vraiment croire aux aspects les plus bénéfiques de l'activité professionnelle. Cette focalisation est en train de changer, si l'on en croit l'intérêt de la psychologie positive pour le travail et l'émergence d'enquêtes récentes, plus centrées sur le meilleur des conditions laborieuses [1]. [...]

---

1. **Laborieuses** : relatives au travail.

Ainsi le tableau complet d'un « travailler mieux » [...] a-t-il pu être dégagé. Il y apparaît clairement que les TPE (Très petites entreprises, jusqu'à dix-sept personnes) sont les structures où il fait bon être employé. « Plus on monte dans la taille de l'organisation, moins le vécu au travail est positif », confirme Pierre-Éric Sutter [1]. Cette donnée n'est pas anodine et a mené le cabinet conseil à rechercher ce qui, dans ces petites structures, favorisait justement l'épanouissement de l'individu. Est né alors un slogan, « La TPE attitude », qui permet de cibler et mémoriser trois facteurs de mieux-être : la transparence (de la direction, des décisions, etc.), la proximité (des dirigeants avec le terrain, de l'amont et de l'aval), l'enthousiasme (d'une vision partagée, des valeurs...).

Ainsi, ceux qui voient clairement l'apport de leur production finie ou qui se sentent en phase avec ce que fabrique l'entreprise partent avec une longueur d'avance pour vivre bien au travail. Bien lotis aussi, ceux qui reçoivent de leur hiérarchie des objectifs clairs qui, en plus, favorisent la cohésion des équipes. Le stress naît le plus souvent d'une obligation de s'adapter à des consignes contradictoires et dont on ne perçoit plus le but. « Ce dont les Français ont le plus besoin c'est de sens, pas de soins », résume Pierre-Éric Sutter, fustigeant une certaine tendance à la médicalisation des maux du travail dans notre pays.

Les gros revenus ne garantissent plus le bonheur

Ce rôle primordial du sens dans la satisfaction professionnelle, Marc Traverson, coach et consultant du cabinet Acteus, l'observe au quotidien sur le terrain. Il vient d'ailleurs de publier une *Lettre à ceux qui ont momentanément perdu leur emploi* (éd. Payot) dans laquelle il mesure tous les investissements intérieurs liés au travail, et comment en faire des piliers même

---

1. *Pierre-Éric Sutter* : psychologue du travail et directeur de M@rs-lab, cabinet de conseil qui a mené l'enquête.

lorsque le vent tourne. « Cette notion de sens est aujourd'hui primordiale, confirme-t-il. Ainsi, si vous trouviez une motivation intellectuelle à monter des structures financières très complexes et que, rachetée par un grand groupe, votre entreprise se focalise désormais sur les seuls chiffres atteints, vous dépérissez intérieurement. »

Lorsqu'il manque à la structure, le sens peut cependant toujours être « tricoté » au niveau individuel. « Le plus important, quel que soit le poste que vous occupez, c'est de vous sentir acteur de votre travail, explique-t-il, que celui-ci soit cohérent avec vos valeurs, qu'il vous donne l'occasion d'apprendre, de vous "challenger" par touches, tout en éveillant en vous le sentiment de faire partie d'un groupe où vous avez une place et une utilité. »

Autre grande source de satisfaction professionnelle peu souvent évoquée dans les débats sociaux : le plaisir de transmettre. « Aujourd'hui, les gros revenus et les lourdes responsabilités qui vont avec ne garantissent plus le bonheur, observe le consultant, et un nombre de plus en plus important de salariés le savent, au point de bien réfléchir, voire refuser certaines promotions qui leur coûteraient trop cher dans leur vie privée. Par contre, quand on est un manager ou un pro expérimenté, voir ses collaborateurs "grandir" et les aider dans un esprit de formation est un réel plaisir. »

Du sens, des valeurs partagées, la satisfaction de transmettre… Autant de pistes invoquées par ces consultants qui osent un autre regard sur la vie professionnelle. Et Marc Traverson de rappeler le slogan du président Kennedy [1] à propos du gouvernement américain en l'adaptant au travail : « Ne vous demandez pas ce que votre entreprise peut faire pour vous rendre heureux, mais demandez-vous plutôt ce que vous pouvez

---

1. *John Fitzgerald Kennedy* (1917-1963) : président américain de 1960 à 1963.

faire pour votre propre bonheur. » Un réflexe de survie à l'heure où de nombreux bateaux tanguent ?

Jean-Luc Nothias, Pascale Senk, « Ce qui rend heureux au travail »,
© www.lefigaro.fr, 7 novembre 2010.

> **Compréhension et analyse**
> 1. Quelles sont les conditions structurelles d'un épanouissement dans le travail en entreprise ?
> 2. Quelles sont les sources d'épanouissement personnel dans le travail ?

2. Les raisons d'une souffrance

■ Document 4

Spécialiste du travail, le psychologue français Christophe Dejours (né en 1949) analyse dans son essai *Souffrance en France* le mal-être des Français au travail. Comment acceptons-nous sans protester des contraintes qui menacent notre intégrité mentale et psychique ? Dans l'extrait suivant, l'auteur essaye de définir ce que recouvre le terme « souffrance ».

On cherche à nous faire croire, ou l'on a tendance à croire spontanément, que la souffrance dans le travail a été très atténuée, voire complètement effacée, par la mécanisation et la robotisation : ces dernières feraient disparaître les contraintes mécaniques, les tâches de manutention, le rapport direct avec la matière qui caractérisent les tâches industrielles. Elles transformeraient les manœuvres [1] « pue-la-sueur » en opérateurs aux

---

1. Manœuvres : ouvriers exécutant des travaux manuels.

mains propres, elles tendraient à transmuter[1] les ouvriers en employés et à débarrasser Peau d'âne[2] de sa malodorante vêture pour lui ouvrir un destin de princesse en robe couleur de lune. Qui donc, parmi les gens ordinaires, ne serait capable d'évoquer les images d'un reportage de télévision ou le souvenir d'une visite guidée dans une usine propre, *new-look* ? Malheureusement, tout cela relève du cliché, car on ne nous montre que les devantures ou les vitrines offertes par les entreprises, généreusement il est vrai, au regard du badaud ou du visiteur.

Derrière la vitrine, il y a la souffrance de ceux qui travaillent. De ceux, d'abord, dont on prétend qu'ils n'existent plus, mais qui sont en réalité légion et qui assument les innombrables tâches dangereuses pour la santé, dans des conditions peu différentes de celles d'antan, et parfois même aggravées par les infractions redevenues si fréquentes au Code du travail : ouvriers du bâtiment, des entreprises sous-traitantes de la maintenance nucléaire, des entreprises de nettoiement (aussi bien dans les industries que dans les immeubles de bureaux, les hôpitaux, les trains ou les avions…), des chaînes de montage automobile, des abattoirs industriels, des élevages de poulets, des entreprises de déménagement ou de confection textile, etc.

Il y a aussi la souffrance de ceux qui affrontent des risques comme les radiations ionisantes, les virus, les levures, l'amiante, qui sont soumis aux horaires alternants, etc. Ces nuisances, qui sont relativement récentes dans l'histoire du travail, vont s'aggravant et se multipliant, occasionnant non seulement la souffrance des corps, mais aussi l'appréhension, voire l'angoisse, de ceux qui travaillent.

---

1. *Transmuter* : métamorphoser ; en alchimie, la transmutation est le fait de changer le plomb en or.
2. *Peau d'âne* : conte de Charles Perrault paru en 1694 dans lequel, pour échapper à une union incestueuse avec son père, une princesse se couvre d'une peau d'âne afin de cacher sa beauté. La jeune femme possède en outre une collection de somptueuses robes, dont une « couleur de lune ».

▲ Bureaux à La Défense.

Enfin, derrière les vitrines, il y a la souffrance de ceux qui ont peur de ne pas donner satisfaction, de n'être pas à la hauteur des contraintes de l'organisation du travail : contraintes de temps, de cadence, de formation, d'information, d'apprentis-
40 sage, de niveau de connaissances et de diplôme, d'expérience, de rapidité d'acquisition intellectuelle et pratique (Dessors et Torrente, rapport d'enquête, 1996) et d'adaptation à la « culture » ou à l'idéologie de l'entreprise, aux contraintes du marché, aux rapports avec les clients, les particuliers ou le
45 public, etc.

Christophe Dejours, *Souffrance en France :
la banalisation de l'injustice sociale*,
© Seuil, 1998 ; rééd. coll. « Points Essais », 2009, p. 29-31.

Compréhension et analyse
1. À quel type de souffrance dans le travail pense-t-on le plus spontanément ? Celle-ci a-t-elle disparu ?
2. Quelles sont les autres sortes de souffrance au travail ? À quoi sont-elles liées ?

■ Document 5

Publié en 1877, *L'Assommoir* est le septième roman de la série des *Rougon-Macquart* écrite par le romancier français Émile Zola (1840-1902). Chef de file du naturalisme [1], l'auteur y relate la dure condition de la classe ouvrière au XIXe siècle : depuis la début de la révolution industrielle, les usines se sont mécanisées, les ouvriers travaillent longtemps, à des rythmes intenses, pour un maigre salaire. *L'Assommoir* donne un aperçu de ces conditions de vie éprouvantes à travers la déchéance de Gervaise, une lingère. Dans

---

1. *Naturalisme* : mouvement littéraire proche du réalisme, qui vise à décrire scientifiquement la société.

l'extrait suivant, l'ouvrier Goujet lui fait visiter un atelier de mécanique.

    Il la conduisit à droite, dans un autre hangar, où son patron installait toute une fabrication mécanique. Sur le seuil, elle hésita, prise d'une peur instinctive. La vaste salle, secouée par les machines, tremblait ; et de grandes ombres flottaient, tachées de feux rouges. Mais lui la rassura en souriant, jura qu'il n'y avait rien à craindre ; elle devait seulement avoir bien soin de ne pas laisser traîner ses jupes trop près des engrenages. Il marcha le premier, elle le suivit, dans ce vacarme assourdissant où toutes sortes de bruits sifflaient et ronflaient, au milieu de ces fumées peuplées d'êtres vagues, des hommes noirs affairés, des machines agitant leurs bras, qu'elle ne distinguait pas les uns des autres. Les passages étaient très étroits, il fallait enjamber des obstacles, éviter des trous, se ranger pour ne pas être bousculé. On ne s'entendait pas parler. Elle ne voyait rien encore, tout dansait. Puis comme elle éprouvait au-dessus de sa tête la sensation d'un grand frôlement d'ailes, elle leva les yeux, elle s'arrêta à regarder les courroies, les longs rubans qui tendaient au plafond une gigantesque toile d'araignée, dont chaque fil se dévidait sans fin ; le moteur à vapeur se cachait dans un coin, derrière un petit mur de briques ; les courroies semblaient filer toutes seules, apporter le branle[1] du fond de l'ombre, avec leur glissement continu, régulier, doux comme le vol d'un oiseau de nuit. Mais elle faillit tomber, en se heurtant à un des tuyaux du ventilateur, qui se ramifiait[2] sur le sol battu, distribuant son souffle de vent aigre aux petites forges, près des machines. Et il commença par lui faire voir ça, il lâcha le vent sur un fourneau ; de larges flammes s'étalèrent des quatre côtés en éventail, une collerette de feu dentelée, éblouissante, à peine teintée d'une

---

1. *Apporter le branle* : donner le mouvement.
2. *Se ramifiait* : se divisait en tuyaux plus fins.

pointe de laque ; la lumière était si vive, que les petites lampes
des ouvriers paraissaient des gouttes d'ombre dans du soleil.
Ensuite, il haussa la voix pour donner des explications, il passa
aux machines : les cisailles mécaniques qui mangeaient des
barres de fer, croquant un bout à chaque coup de dents, crachant les bouts par-derrière, un à un ; les machines à boulons et
à rivets, hautes, compliquées, forgeant les têtes d'une seule
pesée de leur vis puissante ; les ébarbeuses [1], au volant de fonte,
une boule de fonte qui battait l'air furieusement à chaque pièce
dont elles enlevaient les bavures ; les taraudeuses [2], manœuvrées
par des femmes, taraudant les boulons et leurs écrous, avec le
tic-tac de leurs rouages d'acier luisant sous la graisse des huiles.
Elle pouvait suivre ainsi tout le travail, depuis le fer en barre,
dressé contre les murs, jusqu'aux boulons et aux rivets fabriqués, dont des caisses pleines encombraient les coins. Alors, elle
comprit, elle eut un sourire en hochant le menton ; mais elle
restait tout de même un peu serrée à la gorge, inquiète d'être si
petite et si tendre parmi ces rudes travailleurs de métal, se retournant parfois, les sangs glacés, au coup sourd d'une ébarbeuse.
Elle s'accoutumait à l'ombre, voyait des enfoncements où des
hommes immobiles réglaient la danse haletante des volants,
quand un fourneau lâchait brusquement le coup de lumière de
sa collerette de flamme. Et malgré elle, c'était toujours au plafond qu'elle revenait, à la vie, au sang même des machines, au
vol souple des courroies, dont elle regardait, les yeux levés, la
force énorme et muette passer dans la nuit vague des charpentes.

Émile Zola, *L'Assommoir*, GF-Flammarion, 2000, p. 217-219.

---

1. *Ébarbeuses* : meules qui rendent lisse la pièce de métal juste fondue.
2. *Taraudeuses* : machines servant à creuser les vis en spirale.

Compréhension et analyse

1. Comment l'atelier de mécanique est-il décrit ? Pour répondre à cette question, vous tiendrez compte du rythme des phrases, de leur agencement et du lexique utilisé.
2. Quelle place est attribuée à l'homme ? Par quelles figures de style se traduit son écrasement ?

■ Document 6

Au début du XXe siècle, le fordisme fait son apparition (du nom de son inventeur, Henry Ford, 1863-1947, fondateur de l'entreprise qui porte son nom). Il s'agit d'un modèle d'organisation du travail reposant notamment sur sa division verticale (séparation entre conception et réalisation) et sa division horizontale (parcellisation des tâches), ainsi que sur la mise en place de la ligne de montage mécanique permettant le travail à la chaîne. Destinées à accroître la productivité et la production d'une entreprise, ces mesures ne sont pas sans conséquence sur les conditions de travail des ouvriers qui, toute la journée, répètent des gestes identiques. Dans *Les Temps modernes*, film muet de Charlie Chaplin de 1936, le vagabond Charlot lutte pour survivre à l'ère de l'industrialisation ; ouvrier sur une ligne de montage, il devient fou à force de visser des boulons. Le photographe américain Lewis Hine (1874-1940) reprend des motifs similaires sur son cliché (voir p. 150).

Compréhension et analyse

1. Sur la photo tirée du film de Charlie Chaplin (à gauche), que représentent les engrenages ? De quoi sont-ils symboliques ? Quelle place ces machines laissent-elles à l'homme ? En quoi peut-on parler de satire ?
2. Confrontez cette représentation du travail à la chaîne avec celle donnée par Lewis Hine. Les connotations qui y sont associées sont-elles les mêmes ?

■ Document 7

Dans cet article du *Nouvel Observateur*, la journaliste Sophie Des Déserts se penche sur une forme de souffrance au travail – le harcèlement moral.

Elle a lutté des années, sans broncher. Françoise, 53 ans, menait une carrière paisible de traductrice-rédactrice dans une société informatique à Rungis[1]. Et puis une nouvelle direction a débarqué, fin 1992. Les tirs ont commencé quelques semaines

---

1. *Rungis* : commune du Val-de-Marne.

plus tard. On a d'abord tenté de la convaincre de démissionner, avant de l'isoler dans un coin sombre, près des toilettes. « Fanfan » a peu à peu perdu tout intérêt aux yeux de ses collègues. Ils se sont éloignés les uns après les autres. C'étaient des petites humiliations quotidiennes : regards insidieux [1], sourires moqueurs. Des portes qui se ferment, des conversations qui cessent dès qu'elle approche de la machine à café. Des remarques en douce sur son divorce, sa fragilité, son physique. « Celle-là, il n'y a rien à en faire. Elle est imbaisable », plaisantait le patron à l'heure du déjeuner. Elle l'entendait, tapie dans son bureau avec son sandwich poulet-crudités. Le salaud s'amusait à lui coller des avertissements, la convoquait pour rien, cinq minutes de retard, un document mal agrafé, un bureau mal rangé. Un matin, alors qu'elle demandait quelques jours de congé pour se faire opérer d'une tumeur de la carotide, il a hurlé : « Ça va pas, on est en plein catalogue ! » Il voulait sa peau. Françoise se tapait la tête contre les murs. Mais elle tenait bon, shootée la nuit aux somnifères, le jour aux antidépresseurs.

Des années de souffrance en silence. Et puis, un soir, elle est tombée sur une émission de radio consacrée au harcèlement moral. « C'était comme une révélation, une résurrection. Je comprenais enfin ce qui m'arrivait. » Des milliers de salariés, comme Françoise, ont ressenti un immense soulagement en entendant parler du livre de Marie-France Hirigoyen [2], *Le Harcèlement moral. La violence perverse au quotidien*, publié en 1998. La psychiatre n'avait pas découvert le phénomène – le concept de *mobbing* [3] était connu depuis longtemps aux États-Unis et Christophe Dejours avait déjà analysé, en France, les souffrances psychologiques liées au travail – mais elle a su trouver le mot, les

---

1. *Insidieux* : furtifs et sournois.
2. *Marie-France Hirigoyen* (née en 1949) : psychiatre-psychothérapeute française.
3. *Mobbing* : harcèlement (terme issu du verbe anglais *to mob* : « assaillir »).

descriptions justes. Beaucoup identifièrent ainsi cette violence sournoise et répétitive, ces frustrations quasi indécelables qu'ils vivaient chaque jour, à l'usine ou au bureau. [...]

Associatif, public, privé... aucun secteur n'est épargné. 10 % des salariés seraient victimes de harcèlement moral en France. La journaliste Marie Muller a enquêté deux ans durant sur cette nouvelle souffrance. « Je ne m'attendais pas à un tel phénomène, à rencontrer dans notre pays un bouleversement des mentalités et de tristesse aussi grands », écrit-elle dans *Terreur au travail*.

Que s'est-il passé ? La société moderne fabriquerait-elle plus de pervers ? Le monde du travail serait-il devenu particulièrement impitoyable ? Les salariés d'aujourd'hui n'ont sans doute rien à envier à ceux du temps d'Hugo ou de Zola. Marie Muller a retrouvé le règlement intérieur d'une vinaigrerie, établi en 1880. « Piété, propreté et ponctualité font la force d'une bonne affaire », rappelait le patron en préambule. « Il est strictement interdit de parler et de manger durant les heures de bureau. Et aucun employé ne sera autorisé à quitter la pièce sans l'avis du directeur. » Les conditions de travail étaient sans doute bien plus dures il y a un siècle, mais la solidarité de classe les rendait moins insupportables. On se sentait embarqué dans le même bateau, les syndicats jouaient leur rôle. Aujourd'hui la hiérarchie est plus diffuse, les tâches plus personnalisées, plus immatérielles. Chacun se retrouve isolé avec pour seule mission : « Fais de ton mieux, débrouille-toi mais n'oublie pas les objectifs... » De quoi rendre fou. Les nouvelles règles de fonctionnement de l'entreprise, l'exigence de rentabilité, la course à la compétitivité, l'essor de l'autonomie, le tout dans un contexte de montée du chômage de masse – ont considérablement accru la pression sur les salariés. La menace de l'ANPE a permis à certains patrons de satisfaire en toute tranquillité leurs désirs de toute-puissance. Paradoxalement, la législation française, très protectrice, a aussi sans doute favorisé ce climat délétère [1] : faute de

---

1. *Délétère* : voir note 1, p. 78.

pouvoir licencier à leur gré, certaines entreprises tentent de pousser leurs employés à bout... Mais la loi du profit n'est pas seule en cause : à côté de ce harcèlement lié aux contraintes
70 économiques, la perversité ordinaire de petits chefs mal dans leur peau est aussi très répandue dans les associations, les hôpitaux ou les administrations. [...]

Sophie Des Déserts, « Harcèlement moral : la nouvelle donne »,
© *Le Nouvel Observateur*, 14-20 novembre 2002, p. 12-26.

Compréhension et analyse
1. Quelles sont les formes de harcèlement moral au travail ? En quoi violentent-elles le salarié ?
2. Selon l'auteur, quelles sont les raisons de l'augmentation de ces violences au quotidien ?

3. Peut-on se réconcilier avec le travail ?

■ Document 8

Robert Rochefort (né en 1955) est un économiste, homme politique français et chroniqueur. À l'occasion de manifestations contre la réforme des retraites menée en 2010 par le gouvernement Fillon, il aborde dans l'article ci-dessous le problème de la lente mais nécessaire réconciliation des Français avec la « valeur travail ».

C'est en déplaçant la question que l'on trouve la réponse. Le refus de travailler plus longtemps n'est rien d'autre que l'expression de la lassitude, voire du désarroi, face au travail lui-même tel qu'il est vécu dans notre pays. Cela vient des évolutions
5 récentes et se nourrit de l'ambiguïté des courants philosophiques qui ont construit notre pensée au fil de l'histoire.

Le débat sur le travail est vieux comme le monde. Chez les Grecs, en être libéré était un privilège, celui de la classe apte à philosopher. Avec le christianisme, le travail est valorisé comme une participation de l'homme au prolongement du mystère de la création divine, même si la stricte lecture des Évangiles est plus ambiguë ; le travail à lui seul ne saurait suffire à donner un sens à la vie. Plus tard, Thomas d'Aquin [1] affirmera que, même dans les monastères, le travail est obligatoire. C'est un remède contre « l'oisiveté », un frein à « la concupiscence de la chair [2] ».

Le siècle des Lumières fait du travail une capacité de réalisation de l'individu, une façon de maîtriser la nature et la science. Puis le marxisme le résume à un rapport d'exploitation, de spoliation [3] de la plus-value [4] par le capitaliste. Mais il affirme pour autant qu'il n'y a pas d'autre lieu de création de valeur que le travail. Rappelons-nous enfin la grande controverse antérieure entre les physiocrates [5] français, pour lesquels la nature est la seule source de richesse, et les Anglais, dont Adam Smith [6], qui mettent au contraire le travail à la base de l'enrichissement des nations.

Nous venons de là. Il en résulte des différences bien ancrées entre cultures nationales. D'un côté, les pays libéraux, où chacun doit par son travail faire prospérer ses talents. C'est l'éthique du labeur que Max Weber [7] voit à l'origine du capitalisme. De l'autre, une conception plus nuancée dont la France est le pays emblématique où cohabitent vision critique et

---

1. ***Thomas d'Aquin*** (1221/1225-1274) : théologien et philosophe italien.
2. ***Concupiscence de la chair*** : notion catholique qui désigne l'amour des plaisirs des sens.
3. ***Spoliation*** : action de déposséder de quelque chose.
4. ***Plus-value*** : valeur ajoutée à la valeur initiale d'un bien.
5. ***Physiocrates*** : économistes du XVIIIe siècle qui soutenaient que toutes les richesses venaient de la terre.
6. ***Adam Smith*** (1723-1790) : philosophe et économiste écossais, précurseur du libéralisme économique.
7. ***Max Weber*** (1864-1920) : sociologue et économiste allemand.

principe de réalité avec, pour chaque individu, une position qui dépend de sa situation face à l'emploi.

Si nous en venons à la situation actuelle, plusieurs évolutions récentes n'ont pas abouti à clarifier les choses et ont même produit des effets paradoxaux. Les 35 heures [1] tout d'abord : certes, les salariés y ont gagné en temps libre, mais beaucoup ont connu un accroissement de stress et de fatigue quand il s'est agi de faire autant en moins d'heures de présence. Ces gains de productivité horaire ont creusé un peu plus la trappe à chômage en menaçant tous ceux qui sont incapables de tenir les nouveaux rythmes ainsi exigés. [...] Quant aux jeunes, on abuse à leur égard de stages mal rémunérés et de CDD ou de missions d'intérim à répétition. Comment peut-on espérer qu'ils restent motivés ?

Les jeunes actifs sont ceux qui ont vu leurs parents vivre les évolutions précédentes. Même lorsqu'ils obtiennent un emploi stable, ils développent une attitude plus pragmatique à l'égard du travail. Dans beaucoup d'entreprises, elle ne cesse de surprendre. Tantôt, ils impressionnent par leur implication, par leur loyauté vis-à-vis de leur employeur. Tantôt, ils étonnent et déçoivent par leur résignation et la grande relativité qu'ils accordent à leur avancée professionnelle. Un embauché récent, diplômé et prometteur, pourra refuser une promotion, car elle lui imposerait des changements dans sa vie familiale ou de loisirs qu'il ne veut pas envisager : rentrer chez lui tard ou n'être pas assuré d'avoir ses week-ends sans contrainte professionnelle.

Les Français ne sont pas « paresseux », mais au moment où on leur demande de travailler plus longtemps il est urgent de les réconcilier avec la « valeur travail ». C'est l'une des priorités des années à venir. Le travail doit redevenir pour le plus grand nombre l'un des pôles enrichissants de la vie personnelle. Lors-

---

1. Allusion au passage du temps légal de travail par semaine de 40 à 35 heures, mis en place en 2000 par le gouvernement Jospin.

qu'on juge que « la vraie vie est ailleurs », et c'est souvent le cas, le travail est un échec et l'on souhaite s'en libérer le plus tôt possible. Le véritable projet pour demain, c'est de refonder le travail comme acte créateur pour tous, parfois même source de bonheur comme contrepartie de l'effort et de l'abnégation [1] qu'il nécessite. Et cela à côté de la vie familiale, amicale, associative et de loisirs...

Robert Rochefort, « Se réconcilier avec la "valeur travail" »,
© Le Monde, 18 septembre 2010.

Compréhension et analyse

1. Quelles sont les différentes valeurs attribuées au travail au cours des siècles et selon les cultures ?
2. En quoi la situation économique actuelle a-t-elle accentué le clivage des valeurs accordées au travail ?
3. Selon l'auteur, pourquoi est-il nécessaire de réconcilier les Français avec le travail ?

■ Document 9

Dans l'article suivant du magazine *Alternatives économiques*, le journaliste Thierry Pech s'interroge sur la relation paradoxale des Français à leur travail : tout en y étant très attachés, ils n'ont de cesse de s'en plaindre.

D'après l'enquête 2007 du World Value Survey [2], 64 % des Français déclarent que le travail occupe une place « très importante » dans leur vie. Loin devant les Britanniques, les Allemands, les Espagnols, les Scandinaves et la plupart des autres

---

1. *L'abnégation* : le renoncement, le sacrifice volontaire.
2. *World Value Survey* : association internationale de chercheurs qui enquêtent sur les valeurs de la population mondiale.

Européens. Et même loin devant des pays comme les États-Unis, le Japon ou la Chine, où le score ne dépasse pas 50 %. Les Français ne sont comparables de ce point de vue qu'aux Polonais, aux Égyptiens ou aux Brésiliens. Cette situation ne date d'ailleurs pas d'hier : dans l'enquête 1999 du WVS, les Français arrivaient déjà en tête des pays riches, devant les États-Unis pour ce critère. […]

La singularité principale des Français se situe dans [leur conception du travail] : le travail comme lieu d'épanouissement et de réalisation de soi. Ce que Dominique Méda et Lucie Davoine appellent « l'intérêt intrinsèque [1] » du travail [2]. Selon l'ISSP [3] 2005, 68 % des Français considèrent que cet aspect du travail est « très important ». C'est plus que partout ailleurs en Europe. De même, ils sont, en Europe occidentale, les plus nombreux à considérer que « pour développer ses capacités, il faut un travail » : plus de 75 % contre un peu plus de 50 % au Royaume-Uni, par exemple. Enfin, ils sont, avec les Suédois, les Danois et les Finlandais, parmi ceux qui valorisent le plus l'autonomie dans le travail. Bref, les Français attendent beaucoup de leur travail pour leur développement personnel et c'est ce qui les distingue le plus de leurs voisins.

Leurs déceptions sont malheureusement à la hauteur de leurs attentes. […] D'après l'ISSP 2005, les Français sont en particulier les Européens qui aimeraient le plus consacrer davantage de temps à leur famille. Ils sont aussi les plus nombreux en Europe à considérer que leur emploi les empêche « souvent » ou « toujours » de consacrer le temps qu'ils souhaiteraient à leur famille et à leur couple (ESS [4] 2002). […]

---

1. *Intrinsèque* : en lui-même.
2. Dominique Méda, Lucie Davoine, *Place et sens du travail en Europe : une singularité française ?*, Noisy-le-Grand, Centre d'études de l'emploi, n° 96, 2008.
3. *ISSP* : Institut supérieur des sciences de la population.
4. *ESS* : Enquête sociale européenne (*European Social Survey*).

À ce premier facteur de déception s'en ajoute un second : le travail est perçu comme stressant et pénible par nombre de Français. Selon l'ISSP 2005, en Europe, les Français sont, après les Portugais et les Italiens, les plus nombreux à se déclarer « toujours » ou « souvent » épuisés par leur travail. Ils sont même les plus nombreux, en 2005, à considérer que leur travail est « toujours » ou « souvent » stressant. Enfin, selon l'Enquête européenne sur les conditions de travail 2010 (EECT), près de 25 % d'entre eux déclarent que leur travail menace leur santé, contre 17 % au Royaume-Uni, 19 % en Allemagne et 22 % en moyenne dans l'Union européenne à quinze [1].

D'où vient cet étrange désamour ? Tout d'abord, de l'organisation du travail elle-même et de la mauvaise qualité des relations sociales au sein des entreprises. C'est ce que montrait Thomas Philippon dans son livre *Le Capitalisme d'héritiers*. Ce point de vue est conforté par les enquêtes. D'après l'ISSP 2005, les Français sont, en Europe, les moins nombreux à juger « très bonnes » ou « assez bonnes » les relations entre la direction et les employés : 52 %, contre 66 % en Espagne, 74 % au Royaume-Uni ou encore 85 % en Allemagne. Ils sont aussi les moins nombreux d'Europe à penser que leurs « possibilités de promotion sont élevées ». Et parmi les plus insatisfaits de leur autonomie dans le travail.

Enfin, selon l'EECT 2010, la France est l'un des pays d'Europe où l'on juge le plus sévèrement les relations avec ses collègues : 67 % des Français considèrent que leurs collègues les aident « la plupart du temps » ou « toujours », contre 70 % des Allemands, 84 % des Espagnols, 82 % des Danois et 72 % en moyenne dans l'Union à vingt-sept.

Selon Thomas Philippon, ces constats sont liés à des relations plus hiérarchiques et plus conflictuelles qu'ailleurs dans le

---

[1]. ***L'Union européenne à quinze*** : les quinze pays de l'Union européenne avant l'élargissement de 2004.

travail. Il règne dans l'Hexagone, selon lui, une culture d'organisation peu coopérative et peu propice à assurer des promotions aux travailleurs les plus talentueux ou les plus investis. Des analyses que l'on peut rapprocher de celles de Philippe d'Iribarne. Selon cet auteur, la société française reste dominée par une logique de classement hiérarchique, ayant fait d'une petite élite issue des meilleures écoles sa nouvelle « noblesse ». Cette culture qu'il qualifie de « logique de l'honneur » ne valorise ni la recherche du compromis dans les relations sociales ni l'échange entre égaux. Et elle se mariait mieux avec les organisations tayloristes [1] de la société industrielle traditionnelle qu'avec les organisations fondées sur le travail en équipe qui se sont développées depuis trente ans…

Thierry Pech, « Les Français et le travail, je t'aime moi non plus »,
© *Alternatives économiques* (www.alternatives-economiques.fr),
septembre 2011, n° 305.

Compréhension et analyse
1. Quelle importance les Français accordent-ils au travail ? Pourquoi ?
2. Quels sont néanmoins les facteurs d'insatisfaction ?

■ Document 10

Dramaturge français né en 1927, Michel Vinaver écrit *Les Travaux et les Jours* en 1977, une comédie dramatique dans laquelle il croise les thèmes de l'amour et du monde du travail. On entre par la petite porte dans le service après-vente de l'entreprise Cosson, une marque de moulins à café. Sous la direction du chef de service Jaudouard, Anne, Nicole et Yvette ont pour charge de recueillir les

---
1. *Tayloristes* : qui pratiquent le taylorisme, méthode d'organisation du travail inventée par l'ingénieur américain Frederick Winslow Taylor (1856-1915), qui divise le processus de production en petites tâches manuelles et répétitives.

réclamations des utilisateurs, tandis que Guillermo doit vérifier et réparer les moulins à café défectueux. Jaudouard courtise tour à tour Anne et Yvette ; Guillermo et Nicole vivent en couple, au désespoir d'Yvette, amoureuse du réparateur. Flux de paroles, flux de sentiments, flux économiques, flux relationnels... Le monde du travail devient un être vivant dont personne ne peut se passer.

ANNE. – Il s'est fait ramasser par Célidon[1] écoute il s'était pointé hier soir avec une demande d'effectifs supplémentaires il avait chiadé à mort son dossier aligné des pages de chiffres qui prouvaient qu'avec les effectifs actuels et avec une charge de correspondance et d'appels téléphoniques en progression constante vu l'augmentation des appareils en service sur le marché le retard qu'on a pris ne pouvait qu'augmenter et se répercuter sur les délais de réparation qui en moyenne sont déjà de trois semaines et deux jours et il avait calculé le déficit qui se montait à deux cent cinquante heures par mois soit quatre-vingt-dix pour cent d'une employée supplémentaire d'où son rapport concluait au besoin de recrutement d'une quatrième employée Célidon a démonté tout ça pièce par pièce il a contesté les hypothèses de base comme par exemple la durée moyenne d'une communication téléphonique il a demandé les statistiques en temps réel ah il n'y a pas de statistiques en temps réel ? Comment voulez-vous Jaudouard prétendre porter la responsabilité d'un service comme celui-ci si vous ne tenez pas une statistique du temps moyen passé par chaque employée pour chaque opération ? Et Guillermo ? À quoi il sert celui-là ? Jaudouard est reparti décomposé jamais dans sa carrière il n'avait pris un bide aussi retentissant

NICOLE. – C'est pas lui qui te l'a dit

---

1. *Célidon* : cadre supérieur de l'entreprise.

Chap. 1 : Peut-on encore croire les médias ?

Voir p. 13

▶ Photo de Paul Hansen, Haïti, 19 janvier 2010.

▶ Photo de Nathan Weber, Haïti, 19 janvier 2010.

Photos d'une jeune Haïtienne, Fabienne Cherisma, victime d'une balle perdue alors que la police s'opposait aux pillards, peu après le séisme qui venait de toucher le pays. La première a reçu le Prix de la photo 2011 (catégorie « News International ») en Suède, avant que la seconde, révélant le hors-champ du cliché, ne déclenche la polémique…

Chap. 2 : Les liens sociaux à l'heure du numérique

Voir p. 43

◀ Affiche du film de Nora Ephron, *Vous avez un message* (1998).

▶ Affiche du film de David Fincher, *The Social Network* (2010), qui relate la création, par Mark Zuckerberg, de Facebook, qui n'a pu se faire sans quelques trahisons...

Chap. 3 : Faut-il fixer des limites à la science dans sa maîtrise de l'humain ?

Voir p. 73

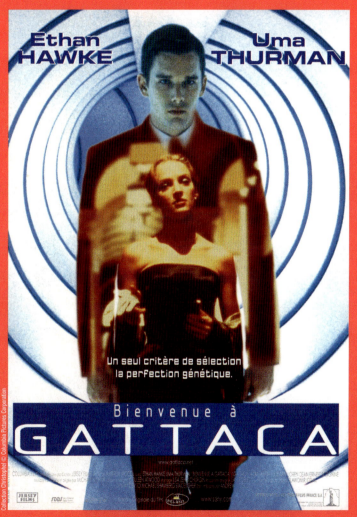

▲ Affiche du film d'Andrew Niccol, *Bienvenue à Gattaca* (1997).

Chap. 4 : Au cœur des banlieues

Voir p. 105

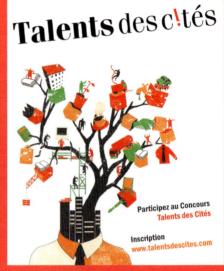

▶ Flyer du concours *Talents des cités* 2010. Créé en 2002, ce concours récompense chaque année des créateurs d'entreprise implantés dans les quartiers prioritaires de la ville.

◀ Dessin de Lasserpe sur le plan « Espoir Banlieues » (2008).

Chap. 5 : Peut-on être heureux au travail ?

Voir p. 137

▲ Gustave Caillebotte, *Les Raboteurs de parquet* (1875).

Chap. 6 : Les rapports entre générations

Voir p. 165

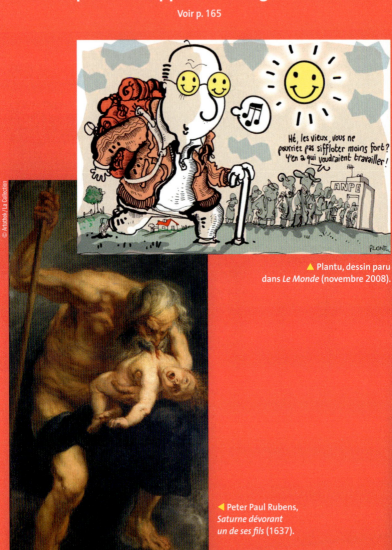

▲ Plantu, dessin paru dans *Le Monde* (novembre 2008).

◀ Peter Paul Rubens, *Saturne dévorant un de ses fils* (1637).

Chap. 7 : Le sport est-il encore porteur d'un idéal ?

Voir p. 193

▲ Jason Wening, nageur américain amputé des jambes à partir des genoux (2000). Quand ce cliché a été pris, il détenait six records mondiaux dans la catégorie handicapés.

◄ Cérémonie d'ouverture des Jeux olympiques de Berlin en 1936 : un athlète allemand court avec la flamme olympique tandis que le stade effectue le salut nazi.

Chap. 8 : Quel est le rôle de l'homme dans l'avenir de la planète ?

Voir p. 219

▲ Un remorqueur de haute mer de la Marine française intervenant au large du Sud-Finistère, le 15 décembre 1999, après la catastrophe de l'*Erika* survenue trois jours plus tôt.

▲ Oiseaux morts, sur la plage de Ploemeur, dans le Morbihan, le 26 décembre 1999.

25 ANNE. – J'ai déjeuné avec Cécile

NICOLE. – Il se prépare des choses alors

JAUDOUARD. – Pardon cocotte

YVETTE. – C'est pas grave vous savez

JAUDOUARD. – Je t'ai rabrouée c'est les nerfs le boulot c'est pas
30 toujours du gâteau

YVETTE. – Vous ne sentez plus l'ail en tout cas

JAUDOUARD. – J'ai des idées qui te concernent

YVETTE. – Vous allez me confirmer ?

NICOLE. – Cette voiture qu'on vient d'acheter

35 GUILLERMO. – Qu'y a-t-il de changé ?

NICOLE. – Tout

YVETTE. – C'est pas une réponse Monsieur Jaudouard vous savez ?

JAUDOUARD. – T'as vu le film *Marathon Man* ? T'y vas jamais
40 au cinéma ? On irait le voir ensemble ?

ANNE. – Le désastre sur toute la ligne

Michel Vinaver, *Les Travaux et les Jours*, *Théâtre complet*,
© L'Arche Éditeur, t. IV, 2002.

Compréhension et analyse

1. À quoi voit-on ici que le travail est un lieu de contraintes et de plaisirs ?
2. En quoi l'enchaînement des répliques traduit-il le flux continu qu'est le monde du travail ?

Document 11

Le sondage présenté ci-après a été effectué par Charlotte de Gaillard en septembre 2011 pour la société d'enquêtes Opinion-Way. Sept cent soixante salariés ont répondu à des questions sur le bonheur au travail.

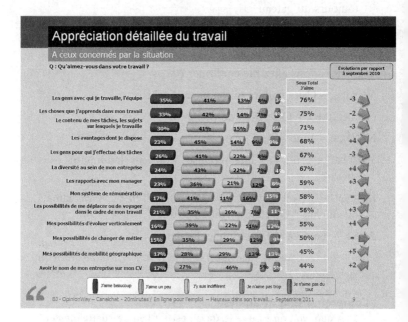

Aspects du travail les moins aimés

À tous

Q : Quels sont les deux aspects que vous aimez le moins dans votre travail ?
2 réponses possibles

Évolutions par rapport à septembre 2010

Aspect	%	Évolution
Le stress	32%	+2
Le manque de perspectives d'évolution verticale	26%	-2
Les astreintes, les contraintes horaires qui pèsent sur la vie familiale	18%	=
Le risque de perdre votre emploi	15%	-1
Les mauvaises conditions matérielles de travail	15%	+2
Les mauvais rapports avec l'encadrement	12%	-1
Les mauvais rapports avec les membres de l'équipe de travail	10%	+4
L'impossibilité de changer de métier	8%	+2
Les rapports avec les clients, leur agressivité, la dureté des négociations	7%	-2
Le manque de diversité au sein de l'entreprise	6%	=
Les déplacements trop fréquents ou trop lointains	3%	-1
Rien de tout cela	8%	
Aucun aspect de mon travail ne me déplaît	6%	

BJ - OpinionWay - Canalchat - 20minutes / En ligne pour l'emploi - Heureux dans son travail - Septembre 2011

© Opinion-Way/En ligne pour l'emploi. Étude réalisée auprès d'un échantillon de 760 salariés, représentatif de la population salariée au regard des critères d'âge, de sexe, de région, de catégorie socioprofessionnelle et de secteur d'activité ; échantillon interrogé en ligne sur système Cawi (*Computer Assisted Web Interview*), du 21 septembre au 3 octobre 2011.

Compréhension et analyse

1. Quels sont les éléments les plus appréciés au travail ? Comment les expliquez-vous ?
2. Quels sont les éléments les moins appréciés au travail ? Comment les expliquez-vous ?

Prolongements

Exposés
– La condition ouvrière.
– Le chômage et la crise dans le travail.

5. Peut-on être heureux au travail ?

✎ Vers l'examen

Synthèse de documents : vous confronterez les documents 1, 2, 3 et 11 autour de la question du bonheur dans le travail.

Écriture personnelle : 1. « Le travail ne fait pas le bonheur mais il y contribue », qu'en pensez-vous ? 2. D'après vous, travailler peut-il rendre heureux ?

📖 À lire

— **Amélie Nothomb**, *Stupeurs et tremblements*, Le Livre de poche, 2001. [Amélie vient d'être recrutée par la compagnie japonaise Yumimoto. Elle part donc au Japon avec enthousiasme, pensant faire ses preuves au sein de la société. Mais, bien vite, elle se heurte aux codes et aux usages complexes des mœurs nippones et s'attire le dédain de sa supérieure, Mlle Mori. Engagée en tant que traductrice, Amélie finit par être reléguée au poste de dame pipi...]

— **Florence Aubenas**, *Le Quai de Ouistreham*, Seuil, coll. « Points », 2011. [Désireuse de saisir au plus près la réalité sociale de la crise, Florence Aubenas s'est immergée pendant six mois dans le quotidien d'une travailleuse précaire. Sans autre qualification que le baccalauréat sur son CV, elle s'inscrit au Pôle Emploi de Caen. Son objectif : décrocher un CDI. Elle devient alors « agent de nettoyage »...]

👁 À voir

— **Laurent Cantet**, *Ressources humaines*, 1999. [Diplômé d'une grande école de commerce, Franck effectue son stage de fin d'études dans l'entreprise normande qui emploie son père, ouvrier, depuis plus de trente ans. Affecté au service des ressources humaines, il doit mettre en place la réforme des 35 heures. Bientôt, il comprend que ses supérieurs ont prévu de licencier une partie de leurs employés...]

— **Cédric Klapisch**, *Ma part du gâteau*, 2011. [Ouvrière, France vit dans le nord de la France. Elle se retrouve au chômage et décide de partir à Paris pour devenir femme de ménage. Engagée chez Steve, *trader* qui vit dans le luxe, elle finit par découvrir que cet homme est en partie responsable de la faillite de son ancienne entreprise...]

6. Les rapports entre générations

📷 Entrée par l'image
Peter Paul Rubens, *Saturne dévorant un de ses fils*, 1637, et Plantu, dessin sur le conflit des générations, 2008 (cahier photos, p. 6).
1. Quel est le mythe représenté par Rubens ? En quoi est-il symbolique du conflit entre les générations ?
2. Comment Plantu traduit-il à notre époque ce rapport de force entre les générations ?
3. En quoi ces deux documents représentent-ils néanmoins l'idée d'une transmission ? Quel est votre avis sur ces relations aujourd'hui ?

1. Nature des liens entre générations (dans l'espace familial)

■ Document 1

Psychologue et chercheur, Hervé Copitet s'appuie sur des travaux sociologiques pour évoquer les différents aspects des relations intergénérationnelles dans l'article ci-dessous.

« Les transmissions intergénérationnelles sont des transmissions pensées et parlées entre grands-parents, parents et enfants :

habitudes familiales, tours de mains, manière d'être ; on est médecin, instituteur, agriculteur, notaire, marin, militaire de père en fils ; on est "dans les postes" ou "à la SNCF"[1]... » « Un héritage intergénérationnel est constitué de vécus psychiques élaborés : fantasme, imagos[2], identifications... qui organisent une histoire familiale, un récit mythique dans lequel chaque sujet peut puiser les éléments nécessaires à la constitution de son roman familial individuel névrotique[3]. » Ce qui définit l'héritage psychique intergénérationnel est le caractère élaboré du vécu psychique. Une génération transmet à l'autre ce qu'elle sait, ce qu'elle possède, son histoire connue, authentifiable ou non, créant ainsi le mythe familial ou le roman familial freudien[4]. L'intergénérationnel se noue dans une rencontre offrant à la génération qui reçoit des savoirs, des savoir-faire, une lignée généalogique créatrice du sentiment de filiation. L'intergénérationnel offre également un sentiment conscient d'appartenance à cette lignée généalogique dans lequel le rythme des générations rappelle la place que nous occupons, et ce de façon provisoire, à un moment donné de notre existence. En ce sens, l'intergénération, en tant que rencontre des générations différentes, renvoie le sujet à la question de la filiation.

Une transmission intergénérationnelle s'effectue entre générations adjacentes en relations directes[5], tandis que la transmission transgénérationnelle est une transmission inconsciente à travers des générations qui ne se côtoient plus. L'intergénéra-

---

[1]. Anne Ancelin Schützenberger, *Aïe, mes aïeux !*, Desclée de Brouwer-La Méridienne, 1993, p. 115.
[2]. *Imagos* : représentations de personnes proches d'un sujet qui se fixent dans l'inconscient (terme de psychanalyse).
[3]. Alberto Eiguer (dir.), *Le Générationnel : approche en thérapie familiale psychanalytique*, Dunod, coll. « Inconscient et culture », 1997, p. 111.
[4]. Dans la psychanalyse du médecin autrichien Sigmund Freud (1856-1939), le roman familial est le fantasme de l'enfant qui s'invente d'autres parents.
[5]. Entre générations qui se côtoient : des parents aux enfants, des enfants aux petits-enfants, etc.

tionnel est avant tout une transmission parlée et pensée par le sujet en relation directe avec son interlocuteur. C'est une transmission d'éléments conscients. C'est l'histoire, la mémoire d'une famille racontée par les grands-parents ou par une génération précédente : celle que nous nommons la troisième génération. C'est encore la passation d'un savoir, d'une technique ancestrale qui se transmet de « génération en génération » selon l'expression consacrée. Enfin, l'intergénérationnel, en tant que métaorganisation[1] familiale, fonde une idéologie familiale possédant des fonctions :

– identificatoires : « elle propose/impose une image de la famille empreinte d'idéal et inscrite dans une histoire, emblème mobilisateur et identifiant » ;

– organisatrices : « elle assigne rôle, places et statut... » ;

– de contenance : « elle délimite un dehors et un dedans, et instaure un espace refuge ».

© Hervé Copitet, « Patrimoine, transmission et filiation »,
www.psychasoc.com, 5 mars 2005.

Compréhension et analyse
1. Quel est le contenu des transmissions intergénérationnelles ? Comment se font-elles ?
2. Quels sont les fonctions de ces transmissions ?

■ Document 2

François Rabelais (1494-1553) transcrit l'idéal de l'humanisme[2] à travers ses héros Gargantua et Pantagruel qui, au-delà de leurs

---

1. *Métaorganisation* : ici, sorte d'organisation parallèle coexistant avec l'organisation familiale classique.
2. *Humanisme* : courant culturel qui se développe en Europe à partir de la Renaissance et qui considère la quête de savoirs et de connaissances comme indispensable à l'homme pour qu'il développe ses pleines possibilités.

apparences grivoises, n'en sont pas moins de fins lettrés et des êtres réfléchis. Dans cette lettre de Gargantua adressée à Pantagruel, le père entend transmettre à son fils des connaissances mais aussi et surtout des conseils pour être heureux.

« C'est pourquoi, mon fils, je t'engage à employer ta jeunesse à bien profiter en savoir et en vertu. Tu es à Paris, tu as ton précepteur Épistémon [1] : l'un par un enseignement vivant et oral, l'autre par de louables exemples peuvent te former.
5 J'entends et je veux que tu apprennes parfaitement les langues : d'abord le grec, comme le veut Quintilien [2], en second lieu le latin, puis l'hébreu pour l'Écriture sainte, le chaldéen et l'arabe pour la même raison, et que tu formes ton style sur celui de Platon pour le grec, de Cicéron pour le latin. Qu'il n'y ait pas
10 de faits historiques que tu ne gardes présents à la mémoire, ce à quoi t'aidera la description de l'univers par les auteurs qui ont traité ce sujet. Quant aux arts libéraux, géométrie, arithmétique et musique, je t'en ai donné le goût quand tu étais encore petit, à 5 ou 6 ans ; continue : de l'astronomie, apprends toutes les
15 règles. Mais laisse-moi l'astrologie [3] divinatoire et l'art de Lullius [4], qui ne sont qu'abus et futilités. Du droit civil, je veux que tu saches par cœur les beaux textes et me les commentes avec sagesse.

« Quant à la connaissance de la nature, je veux que tu t'y
20 appliques avec soin : qu'il n'y ait mer, rivière, ni source dont tu ne connaisses les poissons ; tous les oiseaux de l'air, tous les arbres, arbustes, buissons des forêts, toutes les herbes de la terre, tous les métaux cachés au ventre des abîmes, les pierreries de toutes les contrées d'Orient et du Midi, que rien ne te soit
25 inconnu.

---

1. *Épistémon* : nom propre inventé à partir du terme grec signifiant « savant ».
2. *Quintilien* (v. 42-95) : écrivain latin qui conseille de commencer toutes les études par l'apprentissage du grec, dans son œuvre intitulée *Institution oratoire*.
3. *Laisse-moi l'astrologie* : renonce à l'astrologie.
4. *Lullius* : alchimiste espagnol du XIIIe siècle (de son vrai nom Ramon Llull).

« Puis, relis soigneusement les livres des médecins grecs, arabes et latins, sans mépriser les talmudistes et les cabalistes [1], et, par de fréquentes dissections, acquiers une parfaite connaissance de cet autre monde qu'est l'homme. Et quelques heures par jour, commence à lire l'Écriture sainte, d'abord en grec le Nouveau Testament et les Épîtres des apôtres, puis en hébreu l'Ancien Testament. En somme, que je voie en toi un abîme de science, car maintenant que tu deviens homme et te fais grand, il te faudra quitter la tranquillité et le repos de l'étude et apprendre l'art de la chevalerie et les armes pour défendre ma maison et secourir nos amis dans toutes leurs difficultés contre les attaques des fauteurs de troubles. Et je veux que bientôt tu mesures tes progrès : pour cela, tu ne pourras mieux faire que de soutenir des discussions publiques sur tous les sujets, envers et contre tous, et de fréquenter les gens lettrés tant à Paris qu'ailleurs.

« Mais parce que, selon le sage Salomon [2], la sagesse n'entre pas dans une âme méchante et que science sans conscience n'est que ruine de l'âme, il te faut servir, aimer et craindre Dieu et en lui mettre toutes tes pensées et tout ton espoir, et par une foi faite de charité, t'unir à lui de façon à n'en être jamais séparé par le péché. Méfie-toi des abus du monde. Ne t'adonne pas à des choses vaines, car cette vie est transitoire, mais la parole de Dieu demeure éternellement. Sois serviable à ton prochain et aime-le comme toi-même. Révère [3] tes précepteurs, fuis la compagnie de ceux auxquels tu ne veux point ressembler, et ne reçois pas en vain les grâces que Dieu t'a données. Et quand tu verras que tu as acquis tout le savoir qu'on acquiert là-bas,

---

1. *Talmudistes*, *cabalistes* : ces termes désignent ici des médecins juifs, dont la science est une référence au XVIe siècle.
2. *Salomon* (970-931 av. J.-C.) : roi des Hébreux auquel est attribué L'Ecclésiaste, livre de réflexions morales intégré à l'Ancien Testament.
3. *Révère* : respecte, honore.

reviens vers moi afin que je te voie et que je te donne ma bénédiction avant de mourir.

« Mon fils, que la paix et la grâce de Notre Seigneur soient avec toi, amen. D'Utopie[1], ce dix-sept mars.

« Ton père,
« Gargantua. »

François Rabelais, *Pantagruel/Gargantua*,
© Hachette Éducation, coll. « Classiques »,
translation en français moderne de Madeleine Lazard, 2006.

Compréhension et analyse
1. Quels sont les savoirs que le père entend transmettre à son fils ? En quoi sont-ils importants et correspondent-ils à l'idéal de l'humanisme ?
2. Quelle est toutefois la limite de ces savoirs ? En quoi réside alors l'essentiel de la transmission ?

■ Document 3

Dans le texte suivant, le sociologue Pierre Bourdieu (voir aussi p. 23) aborde la transmission entre père et fils. Celle-ci prend la forme d'un héritage, d'un « projet » qui peut être assumé par le fils ou, au contraire, le placer face à des obstacles insurmontables.

Matrice[2] de la trajectoire sociale et du rapport à cette trajectoire, donc des contradictions et des doubles contraintes (*double binds*) qui naissent notamment des discordances entre les dispositions de l'héritier et le destin enfermé dans son héritage, la

---
1. En référence à l'île d'*Utopie* de Thomas More (1516), île imaginaire et lieu d'une société idéale.
2. *Matrice* : milieu où se développe quelque chose.

famille est génératrice de tensions et de contradictions génériques (observables dans toutes les familles, parce que liées à leur propension [1] à se perpétuer) et spécifiques (variant, notamment, selon les caractéristiques de l'héritage). Le père est le lieu et l'instrument d'un « projet » (ou, mieux, d'un *conatus* [2]) qui, étant inscrit dans ses dispositions héritées, se transmet inconsciemment, dans et par sa manière d'être, et aussi explicitement par des actions éducatives orientées vers la perpétuation de la lignée (ce qu'en certaines traditions on appelle « la maison »). Hériter, c'est relayer ces dispositions immanentes [3], perpétuer ce *conatus*, accepter de se faire l'instrument docile de ce « projet » de reproduction. L'héritage réussi est un meurtre du père [4] accompli sur l'injonction du père, un dépassement du père destiné à le conserver, à conserver son « projet » de dépassement, qui, en tant que tel, est dans l'ordre, dans l'ordre des successions. L'identification du fils au désir du père comme désir d'être continué fait l'héritier sans histoire.

Les héritiers qui, acceptant d'hériter, donc d'être hérités par l'héritage, réussissent à se l'approprier (le polytechnicien fils de polytechnicien ou le métallo fils de métallo), échappent aux antinomies [5] de la succession. Le père bourgeois qui veut pour son fils ce qu'il a et ce qu'il est lui-même, peut se reconnaître complètement dans cet *alter ego* qu'il a produit, reproduction à l'identique de ce qu'il est et ratification [6] de l'excellence de sa propre identité sociale. Et il en va de même pour le fils.

De même, dans le cas du père en voie d'ascension à trajectoire interrompue, l'ascension qui amène son fils à le dépasser est en quelque sorte son propre accomplissement, la pleine

---

1. *Propension* : voir note 2, p. 23.
2. *Conatus* : projet, effort, élan (terme de sociologie).
3. *Immanentes* : intérieures, inséparables d'un être ou d'un objet.
4. *Meurtre du père* : à prendre au sens symbolique.
5. *Antinomies* : contradictions.
6. *Ratification* : approbation.

réalisation d'un « projet » brisé qu'il peut ainsi achever par procuration. Quant au fils, refuser le père réel, c'est accepter, en le reprenant à son compte, l'idéal d'un père qui, lui aussi, se refuse et se nie en appelant son propre dépassement.

Mais, en ce cas, le désir du père, si réaliste soit-il au demeurant, s'amplifie parfois démesurément, au-delà des limites du réalisme : le fils ou la fille, constitués en substituts du père, sont chargés de réaliser à sa place et, en quelque sorte, par procuration, un moi idéal plus ou moins irréalisable : on rencontre ainsi beaucoup d'exemples de pères ou de mères qui, projetant sur leur fils des désirs et des projets compensatoires, lui demandent l'impossible. C'est là une des sources majeures de contradictions et de souffrances : nombre de personnes souffrent *durablement* du décalage entre leurs accomplissements et des attentes parentales qu'ils ne peuvent ni satisfaire ni répudier.

Pierre Bourdieu, *La Misère du monde*, © Seuil, 1993 ;
rééd. coll. « Points Essais », 2007.

Compréhension et analyse
1. Qu'est-ce que l'auteur appelle un « héritage réussi » ?
2. Quel est néanmoins le risque encouru ? Quelles en sont les conséquences ?

■ Document 4

La marque de montres Patek Philippe joue sur les relations entre pères et fils pour sa campagne publicitaire « Générations ».

Compréhension et analyse
1. En quoi cette publicité joue-t-elle sur l'idée de transmission et de partage entre un père et son fils ?
2. Quels détails rapprochent les deux générations ?

2. Le conflit des générations

■ Document 5

Dramaturge français né en 1932, Guy Foissy est un adepte de l'humour noir, qu'il utilise souvent afin de faire émerger les conflits latents de notre société. Dans *Le Discours du père* (1971), l'auteur reproduit la contestation de l'autorité parentale propre à la fin des années 1960 – comme Mai 68 ou le mouvement hippie. Dans l'extrait suivant, l'incompréhension est totale entre les parents maladroits et le fils mutique.

LE PÈRE. – Lorsqu'à 16 ans, tu as commencé à te laisser pousser les cheveux, à te vêtir de peaux de bêtes, à partir marcher sur les routes, je n'ai rien dit. D'autant plus qu'on ne s'en était pas aperçu tout de suite, vu qu'à ce moment-là, nous étions occupés à procréer ta sœur aînée. J'ai pensé : il faut bien que jeunesse se passe. À 20 ans, tu avais toujours les cheveux longs, tu étais toujours vêtu de peaux de bêtes. Je n'ai rien dit. J'ai pensé : il faut bien que jeunesse se poursuive. Tu rentrais, tu sortais, tu ne faisais que ça. Ta seule activité se limitait à pousser et à tirer la porte du logis. Nous ne pouvions pas toujours te surveiller, car à cette époque il y avait un feuilleton passionnant à la télévision, et *(criant)* ce n'est pas parce qu'on a un fils qui fait sa crise de croissance qu'on va se priver de feuilleton. Non ?

LA MÈRE. – On ne dort pas quand ton père te parle.

LE PÈRE *(désarçonné)*. – Il dormait ?

LA MÈRE *(au fils, le secouant)*. – Tu dors ? Tu dormais ? Réponds à ta maman...

LE PÈRE. – Tu sais bien que ça fait vingt-cinq ans qu'il n'a pas prononcé une seule parole à la maison.

LA MÈRE. – Il est ému ! Coco, je t'assure qu'il est ému ! Tu l'as sonné ! Tu lui as foutu un swing [1] qui l'a sonné ! Balance-lui encore deux ou trois manchettes [2], une torsion de pied, un levé jeté [3], il est à toi !

LE PÈRE. – Tu crois ? J'y vais. À 30 ans, tu avais toujours les cheveux longs, tu étais toujours vêtu de peaux de bêtes. Je n'ai rien dit. J'ai pensé : il a la jeunesse qui tarde…

LA MÈRE *(affectueuse)*. – C'est bien vrai qu'il n'a jamais été en avance pour son âge.

LE PÈRE. – À 40 ans, tu as toujours les cheveux longs, et tu es toujours vêtu de peaux de bêtes, alors, je me demande, s'il ne serait pas temps d'avoir cette conversation que je repousse d'année en année.

LA MÈRE *(doucement)*. – On ne met pas les doigts dans son nez quand ton père te parle.

LE PÈRE *(énervé par cette intervention)*. – Alors, je te demande : est-ce que ceci va durer encore longtemps ! *(Hurlant.)* Hein !

Tous sursautent.

LA MÈRE. – Tu lui as fait peur.

LE PÈRE *(fier, évident)*. – Hein…

LA MÈRE *(très mère poule, se penchant sur son fils)*. – Essaie de répondre quand ton père te parle. Fais un effort au moins. Il serait tellement content tu sais, il crie mais il n'est pas méchant dans le fond. Si tu faisais au moins seulement sem-

---

1. *Swing* : crochet horizontal avec un pivotement du buste (terme de boxe).
2. *Manchettes* : coups au visage avec l'avant-bras replié (terme de catch).
3. *Levé jeté* : mouvement de catch qui consiste à soulever l'adversaire avant de le projeter violemment au sol.

blant d'avoir une occupation, ça lui ferait plaisir à cet homme.

LE PÈRE. – Chouquette, tu délires...

LA MÈRE. – Tu trouverais un travail à temps partiel, au début, pour t'habituer...

LE PÈRE. – Ce qu'il lui faudrait c'est un bon coup de pied au...

LA MÈRE. – Coco !

Le fils se lève, menaçant.

LE PÈRE. – Il frapperait son père, le monstre !

LA MÈRE *(admirative, tâtant les bras de son fils).* – C'est qu'il est costaud mon garçon... il te retournerait comme une crêpe, je le prends à dix contre un.

Le fils se rassied.

LE PÈRE. – Tu es vraiment trop mère, ma chérie, vraiment trop mère...

LA MÈRE. – C'est bien fait pour toi, au lieu de jouer les gros bras, tu sais bien qu'il faut le prendre par la douceur, ce petit...

LE PÈRE. – Bon, bon, la raison. Je vais essayer la raison puisque ta mère le veut, mais si ce n'était que moi je t'assure que... ne bouge pas... reste assis !!! Bon. Restons calme ! Bon... Nous allons voir ensemble où se trouve ton chemin.

LA MÈRE. – Écoute ton père quand il raisonne.

Guy Foissy, *Le Discours du père*, © Librairie Théâtrale, 1987, p. 12-15.

Compréhension et analyse
1. À quoi voit-on que les parents ne comprennent pas leur fils ? Ont-ils prise sur lui ?
2. Relevez les manifestations de l'énervement. En quoi peut-on parler de conflit entre les générations ?

Document 6

Le 30 septembre 2008, le site senioractu.com publie un article sur le fossé qui se creuse entre la jeunesse et les anciens dans un contexte de crise financière. La compréhension est-elle vraiment possible entre les générations du *baby boom* (1945-1965), qui ont connu la prospérité économique, et leurs enfants et petits-enfants, confrontés à la récession ?

Le monde vit actuellement, probablement, l'une de ses crises financières les plus graves. Dans ce contexte économique pour le moins morose, voire inquiétant, la société d'étude Senior Strategic, spécialisée sur le marché des seniors, a réalisé une enquête portant sur : quel héritage les *baby-boomers* laisseront-ils aux jeunes générations ? Les jeunes réussiront-ils à prendre leur place ? Voici les principaux enseignements de cette étude.

Ainsi, selon cette enquête de Senior Strategic réalisée par téléphone auprès d'un échantillon de plus de 1 200 personnes représentatif de la population française âgée de 18 à 65 ans, « les jeunes estiment que la vie est plus difficile aujourd'hui que du temps de leurs parents ».

D'un point de vue économique, 91 % pensent que l'on peut plus facilement s'endetter aujourd'hui et une majorité estime aussi qu'il est plus difficile, de nos jours, de se trouver un travail motivant, d'avoir un niveau de vie confortable, d'avoir confiance en l'avenir et de fonder une famille. En fait, plus de la moitié (51 %) des jeunes pensent qu'ils seront moins riches que les *baby-boomers*.

À noter également que les jeunes dressent un bilan négatif de l'héritage laissé par les 50/64 ans. Une majorité (78 %) d'entre eux reproche aux *baby-boomers* de leur laisser une planète polluée. Plus des trois quarts (77 %) les accusent de leur faire payer la dette publique qu'ils ont créée. Enfin, plus de la moitié (55 %) estime que leurs aînés laissent la France en pire état que lorsque ces derniers en ont hérité.

En ce qui concerne les relations familiales, plus des deux tiers (68 %) des jeunes déclarent que leurs parents sont moins ouverts d'esprit. Ils pensent cependant, en majorité, que leurs parents étaient plus idéalistes et plus contestataires qu'ils ne le sont eux-mêmes.

De leur côté, les *baby-boomers* sont également critiques à l'égard des jeunes... Ainsi, pour les 50/64 ans, les jeunes d'aujourd'hui sont moins motivés à travailler (52 %), manquent de respect envers l'autorité (69 %). Enfin, ils trouvent que les 18/30 ans sont plus égoïstes qu'eux à 63 % et ont perdu le sens des valeurs collectives (62 %).

« Même si un conflit ouvert entre les générations est peu probable, les tensions entre les générations risquent d'augmenter avec le ralentissement économique, explique Frédéric Serrière, président de Senior Strategic. Les jeunes sont moins aisés que leurs parents mais une partie des *baby-boomers* risque également de connaître des difficultés économiques dans les prochaines années. »

« Seniors *vs* jeunes : vers un conflit des générations
compte tenu du ralentissement économique ? »,
© www.senioractu.com, 30 septembre 2008.

Compréhension et analyse

1. À quoi voit-on l'incompréhension mutuelle entre les générations ?
2. Peut-on parler de fossé générationnel ? Justifiez votre réponse.

■ Document 7

Dans cet article, Xavier Molénat (né en 1977), journaliste pour le magazine *Sciences humaines*, pointe du doigt la fracture croissante entre les générations en France. Il établit un lien entre cette scission et le régime de protection sociale, fondé sur une solidarité aujourd'hui remise en cause.

Ces correctifs [1] ne suffisent donc pas à entamer le constat général d'inégalités socio-économiques fortes entre les générations au détriment des jeunes. D'où le constat laconique de L. Chauvel [2] : « Pour la première fois en période de paix, la géné-
5 ration qui précède ne laisse pas aux suivantes un monde meilleur à l'entrée de la vie. » En fait, selon lui, on a assisté, au milieu des années 1980, au « changement d'un compromis collectif », qui « nous a fait passer d'une valorisation relative des générations les plus récentes, d'un avenir positif dans lequel
10 nous pouvions investir, à une valorisation relative de la protection de la stabilité des adultes et des personnes âgées, fût-ce aux dépens des jeunes ». Le principal coût de ce changement étant, encore une fois, le chômage des jeunes. Selon le sociologue, ce basculement comporte de grands risques. Et tout d'abord celui
15 d'une « dyssocialisation », c'est-à-dire non pas d'une absence de socialisation, mais d'une socialisation difficile, inadaptée. Concrètement, ce risque viendrait « d'un manque de correspondance entre les valeurs et les idées que reçoit la nouvelle génération (liberté individuelle, réussite personnelle, valorisation des
20 loisirs, etc.) et les réalités auxquelles elle sera confrontée (centralité du marché, hétéronomie [3], pénurie, manque d'emplois intéressants, ennui, etc.) ». Plus profondément, « les difficultés psychosociales de la nouvelle génération (notamment les comportements violents, les incivilités en tous genres, le suicide,

---

1. Xavier Molénat vient de rappeler que les *baby-boomers* ont eux aussi connu le chômage et qu'ils souffrent d'un manque de solidarité familiale, ce qui fait se resserrer l'écart de revenus entre les âges.
2. *Louis Chauvel* (né en 1967) : sociologue français.
3. *Hétéronomie* : fait d'être soumis à des contraintes imposées par autrui.

etc.) pourraient être liées de façon immédiate au fossé entre ce que les jeunes croient mériter (sur la base d'une comparaison entre les études et la position de leurs parents et les leurs) et ce qu'ils peuvent réellement connaître ». [...]

L'avenir, justement, pose un problème épineux du point de vue des générations et de leur nécessaire solidarité, comme le montre le cas du système de retraites. Voilà en effet un système fondé, justement, sur la solidarité entre les générations : les actifs cotisent un certain nombre d'années, payant les pensions des retraités actuels, en escomptant bénéficier des mêmes avantages à la fin de leur carrière. Ayant globalement connu une entrée rapide dans la vie active et des carrières sans temps morts, les plus âgés des Français bénéficient ou vont bénéficier à plein de ce système. En revanche, les générations ultérieures vont être prises dans un étau : d'un côté, finissant leurs études à 28 ans et connaissant une période de latence (chômage, petits boulots) de trois ans en moyenne, elles commencent à cotiser relativement tard. De l'autre, la durée de cotisation nécessaire pour toucher une retraite à taux plein ne va cesser de s'allonger : elle sera de 40 ans pour tous (secteur privé et secteur public) en 2008, puis augmentera d'un trimestre par an à partir de 2009 [1]. Les jeunes générations ont donc toutes les chances de ne pas pouvoir bénéficier de la générosité du système actuel, « même s'ils cotisent lourdement pour financer le haut degré de protection dont profitent les personnes âgées d'aujourd'hui ». D'où, tout simplement, le risque d'effondrement d'un système qui fait reposer la sécurité de ses pensionnaires sur des jeunes générations « exposées à une incertitude radicale », sans que ces générations aient d'ailleurs été associées en tant que telles aux décisions ayant mené à cette situation. Et inutile d'évoquer les

---

1. Ce système mis en place par la loi Fillon de 2003 sur les retraites a été réformé en 2010. La durée de cotisation a depuis augmenté et devrait prochainement être fixée à quarante-quatre ans.

potentiels nouveaux emplois créés par le départ à la retraite des *baby-boomers*[1] : L. Chauvel douche d'emblée votre enthousiasme. D'une part, les gains de productivité incitent à ne pas être trop optimiste sur le nombre de postes créés. D'autre part, si amélioration il y avait, existe le risque que ce soit des générations plus jeunes encore qui profitent de la manne[2], laissant sur le carreau des générations intermédiaires « trop jeunes hier, trop âgées demain ».

On pourra rétorquer à L. Chauvel que l'avenir n'est pas encore joué. Reste qu'il laisse à penser qu'il y a encore loin de la conscience, bien réelle, des inégalités liées à l'âge, à leur prise en compte effective dans la décision collective et notre représentation de la société. En attendant, on ne peut que faire des conjectures sur notre futur immédiat…

Xavier Molénat, « Vers une fracture générationnelle »,
© *Les Grands Dossiers des Sciences Humaines*,
septembre-octobre-novembre 2006, n° 4, p. 37-48.

Compréhension et analyse

1. Selon le texte, à quelles difficultés la nouvelle génération est-elle confrontée ?
2. Qu'est-ce qui aujourd'hui remet en cause le système des retraites, fondé sur le principe de solidarité ?

---

1. Voir p. 177.
2. *Manne* : ressources financières inattendues.

3. Vers de nouvelles relations intergénérationnelles ?

■ Document 8

Gérard Mermet (né en 1947) est l'auteur de *Francoscopie*, une série d'études sociologiques sur les comportements et les goûts des Français. Il s'intéresse ici aux relations d'entraide entre les générations et aux différences de plus en plus floues entre celles-ci.

Traditionnellement, l'aide intergénérationnelle est exercée par les parents, à la fois vers leurs enfants et vers leurs propres parents âgés. On a vu au cours des années passées s'accroître l'aide financière apportée par les aînés aux générations plus
5 jeunes. 76 % des 15-24 ans et 53 % des 25-39 ans en ont bénéficié au cours des douze derniers mois, conséquence des difficultés rencontrées par eux à s'insérer dans la vie professionnelle ou à créer un foyer, mais aussi lors d'incidents de parcours ou de ruptures dans leur vie professionnelle ou familiale. Ce soutien
10 a été rendu possible notamment par l'augmentation du pouvoir d'achat des jeunes retraités. 24 % des sexagénaires ont ainsi fait un don d'argent à un membre de la famille (extérieur au ménage) et 18 % ont prêté un logement. En contrepartie, les bénéficiaires rendent en général des services ou offrent un sou-
15 tien moral, si nécessaire. Lorsque les aînés deviennent eux-mêmes dépendants, une majorité d'entre eux peuvent compter à leur tour sur une prise en charge par leurs enfants : 65 % des Français se déclarent prêts à héberger leur père ou leur mère, ou à aller vivre auprès d'eux, en cas de perte d'autonomie liée au
20 grand âge, et un sur deux envisage même de déménager pour se rapprocher d'eux. Ils sont encore plus nombreux à prévoir

d'autres services : visites régulières, aide aux tâches ménagères et lors de soins quotidiens, vacances communes.

Si la nature et la provenance des aides sont très diverses, l'entraide familiale est plus intense entre les membres de la famille les plus proches : parents (47 %), conjoint (46 %), frères ou sœurs (46 %). Les enfants ou la belle-famille (28 %), voire les cousins et les cousines (17 %), les oncles et tantes (16 %), les grands-parents (15 %) et les petits-enfants (8 %) sont cités plus rarement. Par ailleurs, la distance géographique n'entraîne pas l'effritement des liens familiaux. [...]

Si l'âge reste un critère discriminant [1] en termes d'attitudes, de comportements, de vision de la vie, il est moins explicatif que dans le passé. Car les générations, comme la société tout entière, se recomposent. Les jeunes enfants ne sont plus considérés comme des êtres à part ; ils deviennent très tôt des adolescents, mais ils sont plus tardivement des adultes au sens de l'intégration (notamment professionnelle) dans la vie sociale.

Parmi les Français adultes, les trentenaires tendent à afficher des attitudes parfois contradictoires : tout en se voulant individualistes, ils restent attachés à la famille et à l'intervention de l'État. Les *baby-boomers* [2] font, eux, de nombreux efforts pour rester jeunes ; ils entretiennent leur corps, gardent des comportements adolescents (« adulescents [3] ») et s'accrochent à leur pouvoir économique. Les pères ne peuvent plus avoir de relation d'autorité sur des enfants qui en savent parfois plus qu'eux dans bien des domaines de la vie courante. Les mères choisissent certains styles vestimentaires pour se rapprocher de leurs filles et ne pas « faire leur âge ». Le recours à la chirurgie esthétique brouille encore un peu plus les cartes.

Quant aux retraités, ils refusent de vieillir et y parviennent assez bien. Certains sont aujourd'hui plus proches de leurs

---

1. *Discriminant* : ici, distinctif.
2. Voir p. 177.
3. *Adulescents* : personnes d'âge adulte mais au mode de vie adolescent.

enfants que de leurs parents, qui sont eux souvent passés à côté de la révolution morale, numérique et mondiale de ces dernières décennies.

Les différences entre les générations sont donc de plus en plus floues. Du point de vue sociologique, la « ménagère de moins de 50 ans » n'a pas plus de sens que le « senior de plus de 50 ans ». Les différences individuelles sont plus importantes au sein d'une même tranche d'âge que celles qui existent entre les diverses générations. Les rites de passage ou d'initiation disparaissent (la première communion, le service militaire, le premier verre de vin…) ou se déplacent : le premier baiser et la première cigarette arrivent plus tôt, au contraire du premier emploi, du mariage ou du premier enfant. Certains attendent l'âge de 40 ans avant de trouver la stabilité professionnelle ou familiale ; d'autres connaissent plusieurs vies professionnelles ou conjugales successives. Les relations entre les générations tendent ainsi à être remplacées par des relations entre des personnes, l'âge ayant moins d'importance que la façon d'être, de penser, d'agir. La vie de famille en est transformée.

Gérard Mermet, avec la collaboration de Rupert Hasterok,
Francoscopie 2010, © Larousse, 2010, p. 150-151.

Compréhension et analyse
1. Quelles sont les différentes formes, sources et sens des solidarités entre générations ?
2. Trouvez dans le texte trois arguments qui prouvent que ces dernières s'estompent.

■ Document 9

En 1998, les sociologues Claudine Attias-Donfut et Martine Segalen publient *Grands-parents : la famille à travers les générations*. En examinant les rapports qu'entretiennent trois générations adultes

— une génération « pivot » (de 49 à 53 ans), leurs parents (de 68 à 92 ans) et leurs enfants adultes (de 19 à 32 ans) —, les auteurs ont exploré les échanges entre générations au sein de la famille et les formes d'entraide organisées autour de cette « grand-parentalité ». La réédition de l'ouvrage en 2007 insiste sur le nouveau rôle familial des grands-parents aujourd'hui, « figure sociale renouvelée ».

Si l'indépendance des générations est un fait avéré, particulièrement évident dans la séparation résidentielle, signe majeur de leur autonomie, jamais pourtant les relations n'ont été aussi fortes. Elles s'organisent sur un mode nouveau. Au modèle de garde prolongée dans lequel les parents faisaient figure de visiteur occasionnel, s'est substitué un autre modèle, qui engage des rapports (d'autorité, d'affection) bien différents. Lorsque les grands-parents gardent quelques heures par jour ou par semaine, ou pendant les vacances, ils offrent – gracieusement dans l'immense majorité des cas – des services du même type que ceux que peuvent donner crèches, écoles maternelles, nourrices ou *baby-sitters*. Les parents assument partout et au premier chef les fonctions éducatives, et les grands-parents, lorsqu'ils sont à la bonne place, sont des seconds, et ne doivent l'être qu'à la demande des parents. Si les enfants ne sont pas programmés lorsqu'on s'est déjà assuré de son mode de garde institutionnel, les deux démarches sont souvent concomitantes [1].

En résumé, il y a eu passage d'une prise en charge d'un nombre limité de petits-enfants pour une longue durée, sur le mode parental, à une très large prise en charge (en nombre de petits-enfants), mais sur un mode plus léger, pour des temps limités.

Pour être léger, ce soutien n'en est pas moins très important. Les grands-parents apportent une entraide massive, par ces types

---

1. *Concomitantes* : voir note 1, p. 110.

de gardes comme par des aides matérielles, des transferts financiers, des services divers, prolongeant le soutien donné aux jeunes avant qu'ils ne fondent leur foyer. Plusieurs raisons à cela : la demande des jeunes au moment où la conjoncture économique, qui avait été favorable aux deux générations précédentes, s'inverse ; la généralisation de l'activité des jeunes femmes qui nécessite des aides extérieures pour la garde des enfants ; enfin, la plus grande proximité affective entre parents et enfants qui se prolonge dans la relation grands-parents/petits-enfants et favorise ces échanges. Les changements dans l'attitude à l'égard de l'enfant ont contribué aussi à la transformation du rôle grand-parental. À la nouvelle parentalité correspond une nouvelle grand-parentalité.

Éducateurs en second, les grands-parents sont des amuseurs en premier. Là où la sociologie parle de « garde » des petits-enfants, les grands-parents diront manèges, balançoires, visites au zoo, ou surveillance dans le tas de sable, plus tard, parties de dames, d'échecs ou de Monopoly, visites de musées ou de lieux patrimoniaux : à eux donc la part ludique du rapport avec l'enfant. Les fabricants de jeux et jouets dits créatifs ou fabriqués à base de matériaux « authentiques » (en concurrence avec les productions technologiques) ne s'y trompent pas qui les prennent pour cible commerciale. Ainsi la responsable de la communication du Salon du jouet 1997 dit : « Les grands-parents d'aujourd'hui sont jeunes. Ils s'occupent de plus en plus de leurs petits-enfants. Ce sont souvent eux qui achètent les jeux traditionnels comme le jeu de l'oie ou le nain jaune, très en vogue en ce moment et qui craquent pour les jouets en bois, parce que cela rappelle des souvenirs. » Ce rôle est particulièrement gratifiant. Déchargés des responsabilités éducatives, ils recueillent toutes les gratifications affectives. Les voilà « grands-parentisés » de « super-petits-enfants » ! Et il semble qu'ils savent aujourd'hui occuper ce rôle à la satisfaction des parents puisque jamais ils n'ont autant eu de contacts directs et réguliers avec leurs petits-enfants ! Jeunes enfants et adolescents de ce tournant de siècle, contrairement aux temps passés, ont donc une large expérience de ce lien.

Aux premiers temps de la grand-parentalité, les aïeux continuent d'entourer leurs propres enfants, au travers d'aides diverses. Quand vient le second temps, l'investissement peut être moindre, les goûts et les loisirs des petits-enfants dès l'adolescence les portant plutôt vers leurs pairs[1], mais la relation continue d'être forte, parfois très forte, surtout si une crise familiale est survenue, qui oblige les grands-parents à reprendre du service parental : ils abandonnent alors, souvent à contrecœur, leur rôle ludique pour encadrer l'enfant qui rencontre des difficultés scolaires ou relationnelles de tous ordres. Et quand viendra l'âge de « caducité[2] », comme les nomment les célèbres images d'Épinal intitulées « le degré des âges », les arrière-grands-parents, si leur santé le permet, peuvent encore être des acteurs importants pour leurs arrière-petits-enfants.

Claudine Attias-Donfut, Martine Segalen,
Grands-parents : la famille à travers les générations,
© Odile Jacob, 2007, p. 260-262.

Compréhension et analyse

1. Quelles formes prend l'aide accordée par les grands-parents à leurs descendants ?
2. En quoi la relation nouée entre grands-parents et petits-enfants est-elle spécifique ?

■ Document 10

Le rapport préparatoire à la Conférence de la famille[3] 2006 porte sur les solidarités entre générations, enjeu essentiel de notre

---

1. *Pairs* : voir note 3, p. 47.
2. *Caducité* : dégénérescence due à la vieillesse.
3. Celle-ci réunit tous les ans depuis 1996 les divers acteurs de la politique familiale.

société alors que l'espérance de vie ne cesse d'augmenter et, avec elle, le nombre de personnes âgées dépendantes. Celles-ci reçoivent le plus souvent le soutien d'« aidants familiaux » – des membres de leur famille qui les assistent au quotidien. L'extrait suivant distingue des modèles de solidarité parmi ces aidants et recense six propositions en faveur de leur reconnaissance économique et sociale.

    Le sociologue Serge Clément rappelle que la famille fournit environ 80 % de l'aide nécessaire aux personnes âgées fragilisées. Selon lui notre époque se caractérise par de nouvelles relations familiales où les liens affectifs ont une grande importance
5 dans l'entraide familiale. Il distingue, d'une part, un modèle familialiste, qui se retrouve surtout chez les plus âgés où l'entraide familiale est importante et liée à la notion de devoir, avec une certaine fermeture vis-à-vis du monde extérieur et, d'autre part, un modèle autonomiste qui favorise les relations
10 sélectives et affectives et utilise volontiers les aides extérieures.
    Parmi les aidants de personnes âgées Serge Clément distingue plusieurs modèles :
    – l'aide contrainte : un petit nombre d'aidants insiste sur le caractère contraint du soutien qu'ils apportent ;
15   – une identité d'élu : les aidées sont dans ce cas toutes des mères. Leurs filles et fils qui les soutiennent justifient cet engagement par la relation particulière qu'ils entretiennent avec leur mère. Ils font appel aux services de personnes extérieures à la famille et disent mettre beaucoup d'attention dans le choix de
20 ce personnel ;
    – une identité de débiteur : les aidants justifient le soutien qu'ils apportent à leur parent par le sentiment de leur devoir quelque chose, parce que ce parent a fait preuve, à un moment de sa vie, de sa capacité à donner de lui-même. La thématique
25 de la famille unie, de l'entraide familiale, est très présente dans

le discours de ces enfants aidants. Cette identité de débiteur ne va pas sans une certaine réticence à utiliser des services professionnels, car le lien privilégié fait que l'enfant s'estime difficilement remplaçable en tant qu'aidant ;

– une identité de gardien de la lignée : alors que les « débiteurs » développent plutôt un discours autour de leur parent à qui ils doivent quelque chose, le gardien de la lignée replace son parent dans la suite des générations en faisant aussi une large part à ses propres enfants dans cette « famille verticale ». Ce type d'aidant engage des professionnels relativement nombreux et le réseau informel [1] est lui aussi conséquent : la fratrie de l'aidant, mais aussi son conjoint quand il en a un, ses enfants, éventuellement des voisins ou des amis contribuent au soutien. [...]

La reconnaissance des aidants familiaux :
– proposition 1 – Renforcer le soutien personnalisé des aidants familiaux ;
– proposition 2 – Développer toutes formules de répit ;
– proposition 3 – Élargir les possibilités du droit d'absence ;
– proposition 4 – Ouvrir des droits à la retraite pour les aidants familiaux ;
– proposition 5 – Développer la formation ;
– proposition 6 – Faciliter le retour à l'emploi des aidants familiaux.

Alain Cordier, Annie Fouquet, « La Famille,
espace de solidarité entre les générations »,
Conférence de la famille 2006, ministère de la Sécurité sociale,
des Personnes âgées, des Personnes handicapées et de la Famille,
© La Documentation française, 2006.

---

1. *Informel* : non officiel.

Compréhension et analyse
1. Pourquoi peut-on vouloir aider ses ascendants ?
2. En quoi les propositions faites pour la reconnaissance des aidants familiaux ont-elles une importance économique et sociale ?

■ Document 11

Le tableau ci-dessous est extrait du sondage « Le regard des Français sur les générations : identifications, relations perçues et attentes » effectué par l'Institut CSA et le Conseil économique et social. Réalisé par téléphone les 22 et 23 octobre 2002 auprès d'un échantillon représentatif de 1 001 personnes âgées de 18 ans et plus, et « constitué d'après la méthode des quotas (sexe, âge, profession du chef de ménage), après stratification par région et taille d'agglomération) », il confronte les attentes des différentes classes d'âge sur les relations entre générations.

Question : qu'attendez-vous des personnes plus jeunes que vous ? des personnes de votre âge ? et de celles qui sont plus âgées que vous ? Que pensez-vous pouvoir apporter aux personnes plus jeunes que vous ? aux personnes de votre âge ? et à celles qui sont plus âgées que vous ?

	Attentes à l'égard des personnes plus jeunes	Apport aux personnes plus jeunes	Attentes à l'égard des personnes de son âge	Apport aux personnes de son âge	Attentes à l'égard des personnes plus âgées	Apport aux personnes plus âgées
De l'affection	50 %	35 %	31 %	33 %	35 %	60 %
La transmission des savoirs ou des connaissances	36 %	43 %	28 %	22 %	44 %	8 %
Un soutien moral	31 %	40 %	43 %	47 %	32 %	64 %

	Attentes à l'égard des personnes plus jeunes	Apport aux personnes plus jeunes	Attentes à l'égard des personnes de son âge	Apport aux personnes de son âge	Attentes à l'égard des personnes plus âgées	Apport aux personnes plus âgées
Des projets communs	21 %	9 %	35 %	32 %	8 %	7 %
Des récits d'expériences personnelles	11 %	24 %	15 %	18 %	26 %	7 %
Un soutien financier et/ou matériel	7 %	21 %	5 %	7 %	10 %	13 %
Ne se prononcent pas	4 %	1 %	3 %	3 %	4 %	3 %

© CSA/Conseil économique et social.

Compréhension et analyse

1. Confrontez les attentes des personnes âgées à ce que les jeunes pensent leur apporter.
2. Confrontez les attentes des jeunes à ce que les personnes âgées pensent leur apporter.

Prolongements

Exposés
– La génération de Mai 68.
– La génération Y ou les *digital natives*.

Vers l'examen
Synthèse de documents : vous confronterez les documents 5, 6, 7 et le dessin de Plantu (cahier photos, p. 6) autour de la question du conflit entre les générations.

Écriture personnelle : 1. De nombreux parents souhaitent que leurs enfants leur ressemblent. Qu'en pensez-vous ? 2. Les relations entre générations sont-elles essentiellement conflictuelles ?

À lire

— Colin Higgins, adaptation de Jean-Claude Carrière, *Harold et Maude*, Flammarion, coll. « Étonnants Classiques », 2009. [Harold est un jeune homme de 19 ans à l'imagination débordante et morbide ; Maude est anticonformiste et adore la vie : elle pose nue, conduit sans permis, vole des voitures... Pour Harold, Maude est la femme idéale, mais elle a... 79 ans !]
— Anne Bragance, *Passe un ange noir*, Gallimard, coll. « Folio », 2010. [Le vieil Andres Soriano a pour habitude de s'installer à l'abribus de la ligne n° 15. Un jour, il y fait la connaissance de Milush, une adolescente. En dépit de leur différence d'âge, se noue entre eux une amitié hors du commun.]

À voir

— Étienne Chatiliez, *Tanguy*, 2001. [Bien des parents souhaiteraient garder pour toujours leur enfant auprès d'eux. C'est ce que dit la mère de Tanguy à sa progéniture à la naissance... Mais les parents du petit garçon déchantent bien vite lorsque, à 28 ans, leur fils n'a toujours pas quitté le nid familial !]
— Rémi Bezançon, *Le Premier Jour du reste de ta vie*, 2008. [Une chronique familiale douce-amère réunissant cinq personnes, esquissée à partir de cinq jours plus importants que les autres, où les liens se composent et se décomposent – cinq jours qui changeront leurs relations et leur vie...]

7. Le sport est-il encore porteur d'un idéal ?

📷 Entrée par l'image
Photographies des Jeux olympiques de Berlin en 1936 et de Jason Wening (cahier photos, p. 7).

1. Décrivez précisément les deux photographies. Quel thème commun abordent-elles ? En quoi le traitent-elles différemment ?
2. En quoi les idéaux sportifs véhiculés par les deux images diffèrent-ils ?
3. Connaissez-vous d'autres idéaux sportifs qui sont aujourd'hui mis à mal ? Justifiez votre réponse.

1. Les idéaux du sport

■ Document 1

L'*Iliade* d'Homère (IXe-VIIIe siècle av. J.-C.) est une épopée racontant la guerre entre les Grecs et les Troyens. À la fin du récit, le héros grec Achille perd son ami Patrocle et organise en son honneur des jeux funèbres au cours desquels les guerriers s'affrontent lors d'épreuves variées comme la course et la lutte.

Le fils de Pélée[1], aussitôt, déposa, pour la troisième fois, d'autres prix, qu'il montra aux Danaens[2], pour la lutte douloureuse : au vainqueur un grand trépied[3], allant au feu, que les Achéens, en eux-mêmes, estimaient douze bœufs ; pour le
5 vaincu, il exposa une femme ; elle savait faire beaucoup d'ouvrages, et on l'estimait quatre bœufs. Achille, debout, dit aux Argiens[4] :

« Levez-vous, vous qui allez tenter cette épreuve encore ! »

Il dit. Alors s'élança le grand Ajax fils de Télamon, et se
10 leva aussi Ulysse l'astucieux, connaisseur en tout avantage. Tous deux, s'étant ceints, vinrent au centre de l'arène, et se prirent étroitement l'un l'autre de leurs bras solides, comme les chevrons qu'un charpentier fameux a ajustés, au faîte d'une maison, pour parer à la violence des vents. Leurs dos craquaient
15 sous leurs mains hardies, tirés durement ; leur sueur ruisselait. Des tumeurs[5] serrées – sur leurs flancs et sur leurs épaules –, empourprées de sang, se gonflaient ; mais eux, toujours, désiraient la victoire, pour le trépied bien fait. Ni Ulysse ne pouvait faire glisser l'autre, et l'amener au sol, ni Ajax, arrêté par la forte
20 résistance d'Ulysse. Et, comme ils ennuyaient les Achéens aux beaux jambarts[6], le grand Ajax, fils de Télamon, dit à Ulysse :

« Descendant de Zeus, fils de Laërte, astucieux Ulysse, soulève-moi, ou que je te soulève : Zeus fera le reste. »

Ayant dit, il le souleva. Mais Ulysse n'oublia pas la ruse. Du
25 talon, il lui frappa le jarret, fit fléchir ses membres, le renversa en arrière ; et sur sa poitrine Ulysse tomba. Les troupes regardaient et admirèrent. À son tour, le divin, le résistant Ulysse

---

1. *Le fils de Pélée* : périphrase pour désigner Achille.
2. *Danaens* : descendants de Danaos, roi du Péloponnèse, c'est-à-dire les Grecs.
3. *Trépied* : meuble à trois pieds qui sert de table ou de support.
4. *Achéens*, *Argiens* : autres noms pour désigner les Grecs.
5. *Tumeurs* : ici, gonflements.
6. *Jambarts* : pièces de métal qui protègent la jambe.

souleva Ajax, mais à peine il lui fit perdre terre, sans l'enlever plus haut ; cependant il lui ploya le genou, et à terre tous deux tombèrent, à côté l'un de l'autre, et se salirent de poussière. Une troisième fois encore, redressés d'un bond, ils luttaient, si Achille en personne, se levant, ne les avait arrêtés :

« Ne vous poussez plus, ne vous usez plus en prises douloureuses, la victoire est à tous les deux. Prenez des prix égaux, et partez, pour laisser concourir d'autres Achéens. »

Il dit. Eux l'écoutèrent bien et lui obéirent ; et, secouant leur poussière, ils revêtirent leur tunique.

Homère, *Iliade*, trad. Eugène Lasserre, GF-Flammarion, 2000, chant XXIII, p. 393-394.

Compréhension et analyse

1. Décrivez l'épreuve que choisissent Ulysse et Ajax. De quel sport actuel pouvez-vous la rapprocher et quelles compétences sollicite-t-elle ?
2. Que révèle ce récit sur les enjeux de la compétition et le comportement des participants ? En quoi peut-on dire que l'épisode illustre l'idéal sportif ?

■ Document 2

Dans l'Antiquité, les Jeux olympiques réunissaient toutes les cités grecques quels que fussent les conflits qui les opposaient. À la fin du XIXe siècle, le baron français Pierre de Coubertin (1863-1937) récrée sur ce modèle les Jeux olympiques modernes. La Charte olympique définit les valeurs de cette compétition. Œuvrant à la concorde entre les peuples, elle vise à l'élévation des hommes par le sport, à l'équilibre du corps et de l'esprit ainsi qu'au respect d'autrui.

Préambule

L'olympisme moderne a été conçu par Pierre de Coubertin, à l'initiative duquel le Congrès international athlétique de Paris s'est réuni en juin 1894. Le Comité international olympique (CIO) s'est constitué le 23 juin 1894. Les premiers Jeux olympiques (Jeux de l'olympiade) des temps modernes furent célébrés à Athènes, en Grèce, en 1896. En 1914, le drapeau olympique présenté par Pierre de Coubertin au Congrès de Paris fut adopté. Il est composé des cinq anneaux entrelacés qui représentent l'union des cinq continents et la rencontre des athlètes du monde entier aux Jeux olympiques. Les premiers Jeux olympiques d'hiver furent célébrés à Chamonix, en France, en 1924.

Principes fondamentaux de l'olympisme

1. L'olympisme est une philosophie de vie, exaltant et combinant en un ensemble équilibré les qualités du corps, de la volonté et de l'esprit. Alliant le sport à la culture et à l'éducation, l'olympisme se veut créateur d'un style de vie fondé sur la joie dans l'effort, la valeur éducative du bon exemple et le respect des principes éthiques fondamentaux universels.

2. Le but de l'olympisme est de mettre le sport au service du développement harmonieux de l'homme en vue de promouvoir une société pacifique, soucieuse de préserver la dignité humaine.

3. Le Mouvement olympique est l'action concertée, organisée, universelle et permanente, exercée sous l'autorité suprême du CIO, de tous les individus et entités inspirés par les valeurs de l'olympisme. Elle s'étend aux cinq continents. Elle atteint son point culminant lors du rassemblement des athlètes du monde au grand festival du sport que sont les Jeux olympiques. Son symbole est constitué de cinq anneaux entrelacés.

4. La pratique du sport est un droit de l'homme. Chaque individu doit avoir la possibilité de faire du sport sans discrimination d'aucune sorte et dans l'esprit olympique, qui exige la

▲ Décembre 2012, non loin de Pampelune, au nord de l'Espagne, le Kenyan Abel Mutai est sur le point de remporter le cross-country de Burlada. Pensant qu'il a terminé la course, il ralentit sa foulée. Un concurrent, l'Espagnol Iván Fernández Anaya, surgit dans son dos et, beau joueur, lui signale que la ligne d'arrivée se trouve 10 m plus loin.

compréhension mutuelle, l'esprit d'amitié, de solidarité et de *fair-play*. L'organisation, l'administration et la gestion du sport doivent être contrôlées par des organisations sportives indépendantes.

5. Toute forme de discrimination à l'égard d'un pays ou d'une personne fondée sur des considérations de race, de religion, de politique, de sexe ou autres est incompatible avec l'appartenance au Mouvement olympique.

6. L'appartenance au Mouvement olympique exige le respect de la Charte olympique et la reconnaissance par le CIO.

© CIO, « Charte olympique », février 2010.

Compréhension et analyse
1. Quels sont les principes premiers de la Charte olympique ? Quel idéal du sport dessinent-ils ?
2. Citez dans l'histoire des Jeux olympiques des moments où ces valeurs ont été mises à mal.

■ Document 3

Publié dans *La Revue des Deux Mondes* le 15 mai 1890, « Le Coureur » est un poème de José Maria de Heredia (1842-1905), maître du mouvement parnassien qui recherche la perfection formelle et l'impassibilité en poésie. Le poète y décrit une statue créée par Myron, sculpteur grec du Ve siècle av. J.-C.

Le Coureur

Tel que Delphes[1] l'a vu quand, Thymos[2] le suivant,
Il volait par le stade aux clameurs de la foule,

---

1. *Delphes* : ville antique où se déroulaient les Jeux pythiques, deuxième grande compétition sportive de la Grèce, après les Jeux olympiques.
2. *Thymos* : coureur grec dont le nom signifie « souffle » ou « énergie ».

Tel Ladas[1] court encor[2] sur le socle qu'il foule
D'un pied de bronze, svelte et plus vif que le vent.

5 Le bras tendu, l'œil fixe et le torse en avant,
Une sueur d'airain à son front perle et coule ;
On dirait que l'athlète a jailli hors du moule,
Tandis que le sculpteur le fondait, tout vivant.

Il palpite, il frémit d'espérance et de fièvre,
10 Son flanc halète, l'air qu'il fend manque à sa lèvre
Et l'effort fait saillir ses muscles de métal ;

L'irrésistible élan de la course l'entraîne
Et passant par-dessus son propre piédestal,
Vers la palme[3] et le but il va fuir dans l'arène.

José Maria de Heredia, « Le Coureur », *Les Trophées*,
Gallimard, 1981, p. 76.

Compréhension et analyse

1. À quoi voit-on que le poème évoque la statue d'un athlète ? Quelles caractéristiques de ce dernier sont mises en valeur par la description ?
2. Nommez et analysez quelques figures de style qui participent à la mythification de l'athlète.

■ Document 4

Philosophe, professeur en sciences sociales et membre de l'Institut universitaire de France, Georges Vigarello (né en 1941) évoque les contradictions que le sport porte en lui dans l'ouvrage collectif

---

1. *Ladas* : athlète grec qui mourut d'épuisement sitôt franchie la ligne d'arrivée. Il fut immortalisé en train de courir sur la pointe des pieds par le sculpteur Myron (Ve siècle av. J.-C.).
2. Élision du « e » final pour des raisons de versification.
3. *Palme* : symbole de la victoire, méritée ici par l'athlète et par le sculpteur.

L'Esprit sportif aujourd'hui : des valeurs en conflit. Ce dernier, dit-il, agit comme un miroir pour les sociétés, qui aiment à y trouver le reflet des principes démocratiques qui les fondent – mais un miroir déformant : il fabrique du mythe.

La pratique [sportive] s'est imposée aussi parce qu'elle a pu construire un véritable mythe : l'avènement d'une perfection crédible et pourtant irréalisable dans le monde quotidien, la croyance à une sociabilité exemplaire, « idyllique », celle qu'autorise le jeu et qu'interdit la banalité des jours.

C'est que la compétition suppose ici un aménagement neutre où les propriétés sociales des différents acteurs sont pour un temps gommées au profit d'une égalité originelle des joueurs ou des concurrents, démentie seulement par une plus ou moins grande compétence au sein du jeu lui-même. Un peu comme le suffrage universel postule la stricte égalité des votants, quels qu'ils soient, le sport moderne pose à son fondement l'identité abstraite d'individus dépouillés, le temps d'une rencontre, de ce qui constitue leur être social. Égalité cantonnée, sans aucun doute, elle demeure celle du jeu, mais elle est posée au principe même de l'affrontement et ouvre comme jamais sur un imaginaire de la démocratie et de ses effets.

L'ordre y domine, démultipliant nomenclatures et hiérarchies. Son originalité est décisive. L'importance de cet aménagement, la fascination qu'il exerce jusqu'à la passion, tient toute à sa ressemblance avec celui des sociétés démocratiques : primauté accordée à l'égalité des chances, promotion du mérite des individus, chacun y participant sans exclusive et s'y distinguant par son talent. Rien d'autre, en définitive, qu'un idéal venu du cœur de nos sociétés : projection dans l'univers idéalisé du jeu, d'une contre-société où la nôtre se regarderait en s'idéalisant. Mythe bien sûr : ce jeu résout surtout une contradiction de notre univers lui-même, celle d'une distance entre le « souhaitable » et

le « réel ». Comme le font d'ailleurs les mythes, tous censés
donner une logique aux choses, allant jusqu'à les recomposer
selon un sens qu'elles n'ont pas toujours. Le sport met ici en
scène une « pureté » toute particulière, celle que notre quotidien-
neté sociale magnifie sans jamais pouvoir l'atteindre : égalité de
chances et impartialité idéalisées, toutes deux malmenées par
notre réalité, toutes deux assurées par le jeu. Il aide alors à
croire : il permet de rêver à quelque perfection sociale. Il
fabrique même l'Olympe [1] et ses héros : engagement des joueurs
d'abord, permettant épreuve et anoblissement, modèles exem-
plaires ensuite, favorisant investissements et identifications collectives.

Georges Vigarello, « La Force du mythe »,
in L'Esprit sportif aujourd'hui : des valeurs en conflit,
dir. Georges Vigarello, © Encyclopædia Universalis,
coll. « Le Tour du sujet », 2004, p. 12-13.

Compréhension et analyse
1. En quoi le sport semble-t-il offrir égalité des chances et impartialité ?
2. Comment crée-t-il des héros et pourquoi l'auteur parle-t-il de « mythe » à son sujet ?

2. Les dérives du sport

■ Document 5

Isabelle Queval est philosophe, maître de conférence mais aussi ancienne joueuse de tennis de haut niveau. Dans *Le Sport : petit abécédaire philosophique*, elle étudie différents mots pour dire et

---

[1] *Olympe* : domaine des dieux dans la mythologie grecque.

penser le sport. La première entrée, « argent », explique comment l'idéal de Coubertin est mis à mal par l'enjeu médiatique et financier que représentent dorénavant les sommes colossales engagées dans le sport.

Argent

La question de l'argent dans le sport est d'abord conceptuelle, puis inévitablement comptable. L'argent symbolise la surenchère d'un sport professionnel icône de tous les excès et qui cristallise sur ce qui ne constitue malgré tout qu'une petite sphère (quelques sports tout au plus) les ambitions, convoitises, jalousies de ceux qui voient les champions sportifs comme des stars surpayées. Des ouvrages, des magazines spécialisés, des études ministérielles, publient régulièrement les « chiffres » du sport et contribuent ainsi à la sidération[1] ou au dégoût d'un grand public appâté par leur démesure. Passage obligé de qui veut signifier l'évolution du sport professionnel comme activité planétaire, spectacle ultra-médiatisé et support publicitaire de luxe, l'évocation des flux financiers du sport a quelque chose de racoleur et d'indécent. À la différence des stars de cinéma, les champions sportifs, davantage présents dans le calendrier annuel de l'aficionado[2], suscitent une forte identification, un engouement populaire qui se raccroche à des appartenances : mêmes pays, ethnie, langue, religion ou approchant, sympathie pour le comportement, empathie avec l'histoire personnelle, etc. Le champion sportif est une sorte de moi-même extrapolé, que j'ai vu à l'œuvre, encouragé, dont j'ai pleuré les défaites. Du coup, le salaire de la sueur a une portée comparative : tant pour un match, pour un mois, pour un transfert, et tant pour un smic,

---

1. *Sidération* : surprise extrême.
2. *Aficionado* : amateur, celui qui apprécie quelque chose (mot espagnol).

un acte chirurgical, un brevet d'inventeur. Qui sont-ils donc, au final, ces sportifs, pour gagner autant d'argent ?

Le sport : une activité capitaliste ?

D'abord, redisons-le, la fortune ne sourit qu'à quelques-uns – entendons par là des gains qui, assortis de judicieux placements, permettent d'assurer un train de vie plus que confortable pour le restant de l'existence, sans nécessité de travailler ensuite –, les champions les meilleurs ou les plus médiatiques des sports les plus professionnels et les plus médiatisés (quelques boxeurs, golfeurs, pilotes de Formule 1, tennismen, cyclistes), les meilleurs des sports professionnels américains (basket, football américain, base-ball) et, bien sûr, les meilleurs footballeurs. Les salaires des athlètes, nageurs ou skieurs sont sans commune mesure. Les patineurs artistiques entament souvent une carrière professionnelle rémunératrice après leur carrière amateur. Dans les autres sports ou à niveau moindre de performance, il faut envisager une reconversion, c'est-à-dire une vie professionnelle dans le ou hors du sport. Mais l'enjeu sous-jacent, on le devine, est celui qui régit l'offre et la demande, à savoir les retombées financières de la médiatisation des compétitions ou de l'image de tel ou tel. Le sport-spectacle est devenu une activité marchandisée à l'extrême qui donc se vend, de même que se monnayent les différentes apparitions ou activités des champions hors du sport.

À partir de là, l'organisation du spectacle sportif devient une activité capitaliste comme une autre, à ceci près, d'une part, qu'elle excède très largement la rétribution de la performance sportive et, d'autre part, que l'exploitation de la force de travail a quelque chose de problématique lorsqu'elle concerne une large population de mineurs.

Isabelle Queval, *Le Sport : petit abécédaire philosophique*,
© Larousse, coll. « Philosopher », 2009, p. 28-31.

> **Compréhension et analyse**
> 1. En quoi peut-on dire que l'argent dans le sport est démesuré ? De quoi cette démesure est-elle le symbole ?
> 2. Trouvez dans le texte deux arguments qui prouvent que le sport est une activité capitaliste. En quoi cela s'oppose-t-il à l'idéal qu'il promeut ?

■ Document 6

L'extrait qui suit est tiré de l'essai *Le Pain et le Cirque : sociologie historique d'un pluralisme politique*, de Paul Veyne (né en 1930). Archéologue, historien et professeur honoraire au Collège de France, l'auteur s'interroge sur le sens à donner à la fameuse formule du poète satirique romain Juvénal (Ier-IIe siècle) : *Panem et circenses*, « Du pain et les jeux du cirque ». Cette dernière critique le peuple romain qui préfère jouir des jeux (combats de gladiateurs, de bêtes sauvages, etc.) offerts par les notables plutôt que de participer à la vie politique de la Cité. Ce détachement est-il le fruit d'une stratégie mise en place par ceux qui ont le pouvoir et entendent le garder (utilisant dans ce but le sport comme un opium) ou une tendance naturelle du citoyen à se désintéresser de la politique ?

En un sens droitiste, qui est celui de Juvénal, les satisfactions matérielles plongent le peuple en un sordide matérialisme [1] où il oublie la liberté ; en un sens gauchiste, des satisfactions congrues [2] ou illusoires détournent les masses de lutter contre
5 l'inégalité. Dans l'un et l'autre cas, on peut imaginer en outre que le pouvoir ou la classe possédante procurent des satisfactions au

---

1. *Matérialisme* : recherche de jouissance et de biens matériels.
2. *Congrues* : appropriées aux attentes des individus.

peuple par un calcul machiavélique [1]. Voici ce qu'on lit dans un best-seller sociologique : « Les théories selon lesquelles les plaisirs populaires et les divertissements de masse sont une machination montée par les classes dominantes contre le peuple sont très anciennes et sont résumées par le dicton *panem et circenses* » ; une explication plus fouillée est celle de Veblen [2] : « Les masses américaines modernes n'entretiennent les classes dominantes que pour être tenues perpétuellement en état de narcose [3], grâce à la production industrielle des plaisirs. » [...]

L'explication serait recevable, si tous les hommes s'intéressaient passionnément à la politique, au lieu de faire en majorité confiance à des spécialistes, comme ils font confiance au boulanger pour le pain. Il faudrait supposer aussi que les hommes font de l'égalité une question de principe et qu'ils n'admettent pas l'inégalité comme ils admettent, par exemple, la violence. Ces deux suppositions sont malheureusement fausses ; « il semble que l'apathie [4] politique soit un état naturel chez la plupart des hommes ; il serait non moins déraisonnable d'espérer que chaque individu témoigne d'un intérêt aigu pour la politique que de lui demander de se passionner pour la musique de chambre, l'électronique ou le base-ball ». L'intérêt politique consiste plus souvent à désirer que le gouvernement fasse une bonne politique qu'à désirer la faire soi-même.

Comme maint proverbe, le dicton de Juvénal cerne inadéquatement une vérité cruelle. Le Cirque n'est évidemment pas l'instrument d'une machination gouvernementale et le dicton se trompe de coupable ; on ne dépolitise pas non plus un proléta-

---

1. *Machiavélique* : digne des enseignements de Machiavel (1469-1527), penseur italien de la Renaissance qui faisait de l'ignorance du peuple une condition favorable à un règne durable (voir *Le Prince*, 1532).
2. *Thorstein Bunde Veblen* (1857-1929) : économiste et sociologue américain.
3. *Narcose* : sommeil, engourdissement provoqué artificiellement (en temps normal, par des médicaments).
4. *L'apathie* : la molle indifférence.

riat[1] en lui faisant lire la presse du cœur : si cette presse n'existait pas, les lectrices s'ennuieraient et ne militeraient pas davantage ; elles peuvent aussi la lire et militer. Mais il reste vrai que la politique, du point de vue des gouvernants, consiste à faire en sorte que les gouvernés se mêlent le moins possible de ce qui les regarde ; plus exactement (et tout tient dans cette nuance), le gouvernement parvient à être seul à s'en mêler parce que les gouvernés sont, je ne dis pas conditionnés, mais bien plutôt spontanément disposés à le laisser faire ; une mise en condition peut s'y ajouter, bien entendu : il y a des États plus policiers et mystificateurs que d'autres. Mais la dépolitisation chère aux dictatures n'est pas autre chose que la culture forcée d'un apolitisme[2] naturel.

> Paul Veyne, *Le Pain et le Cirque :*
> *sociologie historique d'un pluralisme politique*,
> © Seuil, coll. « L'Univers historique », 1976 ;
> rééd. coll. « Points histoire », 1995, p. 84-86.

Compréhension et analyse

1. En quoi divertir le peuple permet-il de le détourner de la vie politique ?
2. Selon l'auteur, en serait-il autrement sans divertissement ? Pour quelles raisons ?

■ Document 7

Né en 1967, Laurent Mauvignier est un romancier français récompensé par de nombreux prix littéraires. *Dans la foule* (2006) raconte de manière polyphonique le destin croisé de plusieurs personnages,

---

1. Prolétariat : classe sociale la plus pauvre.
2. Apolitisme : absence de tout intérêt politique. À ne pas confondre avec la **dépolitisation** qui présuppose qu'un objet ou une personne avait un intérêt politique initial mais en a été privé ou coupé.

qui ont en commun d'assister à la finale de la Coupe des champions, le 29 mai 1985, au stade du Heysel en Belgique, entre Liverpool et la Juventus de Turin. Une demi-heure avant la rencontre, des hooligans anglais attaquent la tribune des supporters italiens, causant un mouvement de panique et l'effondrement d'un muret de séparation : on dénombre trente-neuf morts, étouffés et écrasés par la foule bloquée sur les gradins. Dans l'extrait suivant, seules se font entendre les voix et perceptions d'un couple italien, Tana et Francesco, qui vient d'être séparé par les mouvements de foule ; la confusion est totale et fait pressentir l'arrivée du drame.

    Francesco,
    Francesco je t'en supplie, donne-moi la main, bien fort, serre-moi, ne me laisse pas. Tu ne vas pas me laisser non tu ne m'as pas fait d'enfant, nous n'avons pas vu le match et n'avons pas
5 fait l'amour dans cette ville et pas vu encore Amsterdam ni ses canaux noirs, l'eau glacée de la Venise du Nord avec les *coffee shops* et les fumeurs de joints – nous n'avons pas vu les briques rouges, le grès jaune, ni les tours, les maisons si étroites et si hautes que les pignons écorchent le ciel,
10   qu'est-ce que,
    qu'est-ce que tu veux faire, nous ne pouvons plus rien que rouler et courir, souffler, on ne peut plus, tu es derrière moi, ta main est dans la mienne et mon bras en arrière, tu es resté figé quand tu as vu le sang qui a giclé. Et cette femme dont les che-
15 veux ont brûlé à cause d'une fusée. Ce bruit. Ce sifflement de la fusée. Ce crachat de la flamme. La pression du feu, la fumée et le cri de la femme, ses mains levées et agitées au-dessus de la tête. Tu es resté comme ça et puis cette bouteille vide qui a ouvert le front de l'homme au visage gris,
20   Cours ! Cours Tana !
    Et toi qui ne veux pas que nous retournions en haut de la tribune puisque déjà les Anglais sont arrivés. Ils sont là, mainte-

nant, à quelques mètres seulement et nous ne voyons pas les visages, parce que ce qu'il faut voir ce sont les mains, les poings fermés, les poings qui frappent, les couteaux qui dansent dans les mains et déchirent l'air épais de relents de bière et de sueur, l'air et la poussière déchiquetés à coups de lames de couteaux. J'ai peur. Ça se referme ; on descend, on descend plus bas encore, il faut suivre vers le bas le mouvement qui nous entraîne, ta voix derrière moi,

Ta main ! Tana, ta main !
donne-moi la main !

Et dès qu'ils arrivent dans la lumière du dehors c'est comme s'ils couraient après leurs voix, leurs cris loin devant eux, devant leurs corps tuméfiés, je me dis, moi, tremblotant, les jambes molles, les oreilles bourdonnent quand j'entends ces mots dans ma tête, disant qu'ils sont devenus fous, et, quoi ? de l'autre côté ils reviennent d'où, et, merde, merde ! arrêtez ! arrêtez ! arrêtez-vous ! qu'est-ce que c'est ? Ils déboulent par centaines, les uns sur les autres. Je voudrais parler et dire arrêtez-vous, expliquez-moi mais non, c'est là, devant, ça grossit encore – tout à coup je comprends que je n'ai rien vu. Le pire est à venir, impossible, impensable. Et toujours cette violence qui dévaste jusqu'à la possibilité de trouver les mots pour la dire,

ces fronts, ces mains levées, une femme qui sort en courant et moi qui veut l'aider – ce type avec sa veste de survêtement rouge dont le rouge se confond avec celui sur les cheveux parce que c'est le même rouge que sur la moitié de son visage, ce sang qui dégouline et cette bouche ouverte, la main sur les cheveux – il avance vers moi – je ne veux pas – je ne peux pas. Et les voix des enfants et des femmes, ces cris particuliers aux enfants mais surtout ce sont des hommes qui arrivent en hurlant comme ils n'ont pas pleuré ni crié depuis leur naissance, et c'est comme si la tribune allait les cracher les uns après les autres, alors ils vont avec les yeux fous et au-dedans des yeux leur regard est revenu de plus loin que la peur, les yeux n'ont plus aucune couleur – des Anglais trouvent qu'on tarde à jouer le match,

We want football ! We want football !

Laurent Mauvignier, *Dans la foule*, © Minuit, 2006, p. 105-107.

Compréhension et analyse
1. En quoi le choix du point de vue permet-il ici l'installation d'une atmosphère de peur et d'épouvante ?
2. Comment se manifestent la violence et la mort ?

■ Document 8

Ce dessin de presse de Philippe Tastet évoque avec humour le problème du dopage dans le cyclisme.

Compréhension et analyse

1. Par quelle expression le dopage est-il désigné dans le dessin de Philippe Tastet ? Comment s'appelle cette figure de style ?
2. Selon vous, quelle est la fonction du personnage de gauche à l'égard du cycliste ? Qu'en déduisez-vous sur le sport aujourd'hui ?
3. Comment sont suggérés les enjeux médiatiques et financiers du dopage ?

3. Un modèle sur la sellette

■ Document 9

L'écrivain Jean Giono (1895-1970) rédige ici une chronique au ton féroce pour dénoncer la sacralisation du sport dans la société moderne. Ce dernier détournerait l'homme de son devoir de création, l'accaparerait de façon stérile : au mieux, c'est un passe-temps individuel ; au pire, un spectacle que l'on pratique par procuration.

Je suis contre. Je suis contre parce qu'il y a un ministre des Sports et qu'il n'y a pas un ministre du Bonheur (on n'a pas fini de m'entendre parler du bonheur, qui est le seul but raisonnable de l'existence). Quant au sport, qui a besoin d'un ministre (pour un tas de raisons, d'ailleurs, qui n'ont rien à voir avec le sport), voilà ce qui se passe : quarante mille personnes s'assoient sur les gradins d'un stade et vingt-deux types tapent du pied dans un ballon. Ajoutons suivant les régions un demi-million de gens qui jouent au concours de pronostics ou au *totocalcio*[1], et vous avez ce qu'on appelle le sport. C'est un spectacle, un jeu, une

---

1. *Totocalcio* : abréviation d'un groupe nominal signifiant « loto sportif », en italien.

combine ; on dit aussi une profession : il y a les professionnels et il y a les amateurs. Professionnels et amateurs ne sont jamais que vingt-deux ou vingt-six au maximum ; les sportifs qui sont assis sur les gradins, avec des saucissons, des canettes de bière, des banderoles, des porte-voix et des nerfs sont quarante, cinquante ou cent mille ; on rêve de stades d'un million de places dans des pays où il manque cent mille lits dans les hôpitaux, et vous pouvez parier à coup sûr que le stade finira par être construit et que les malades continueront à ne pas être soignés comme il faut par manque de place. Le sport est sacré ; or c'est la plus belle escroquerie des temps modernes. Il n'est pas vrai que ce soit la santé, il n'est pas vrai que ce soit la beauté, il n'est pas vrai que ce soit la vertu, il n'est pas vrai que ce soit l'équilibre, il n'est pas vrai que ce soit le signe de la civilisation, de la race forte ou de quoi que ce soit d'honorable et de logique. [...]

À une époque où on ne faisait pas de sport, on montait au mont Blanc par des voies non frayées[1] en chapeau gibus[2] et bottines à boutons ; les grandes expéditions de sportifs qui vont soi-disant conquérir les Everest ne s'élèveraient pas plus haut que la tour Eiffel, s'ils n'étaient aidés, et presque portés par tous les indigènes du pays qui ne sont pas du tout des sportifs. Quand Jazy[3] court, en France, en Belgique, en Suède, en URSS, où vous voudrez, n'importe où, si ça lui fait plaisir de courir, pourquoi pas ? Mais qu'on n'en fasse pas une église, car qu'est-ce que c'est ? C'est un homme qui court ; et qu'est-ce que ça prouve ? Absolument rien. Quand un tel arrive premier en haut de l'Aubisque[4], est-ce que ça a changé grand-chose à la marche du monde ? Que certains soient friands de ce spectacle, encore

---
1. *Non frayées* : que personne n'avait encore ouvertes.
2. *Chapeau gibus* : chapeau haut de forme qu'on peut aplatir grâce à des ressorts placés à l'intérieur de la coiffe.
3. *Michel Jazy* (né en 1936) : célèbre coureur français, plusieurs fois champion d'Europe.
4. *Aubisque* : col des Pyrénées-Atlantiques.

une fois pourquoi pas ? Ça ne me gêne pas. Ce qui me gêne,
c'est quand vous me dites qu'il faut que nous arrivions tous
premier en haut de l'Aubisque sous peine de perdre notre rang
dans la hiérarchie des nations. Ce qui me gêne, c'est quand,
pour atteindre soi-disant ce but ridicule, nous négligeons le véritable travail de l'homme. Je suis bien content qu'un tel ou une
telle « réalise un temps remarquable » (pour parler comme un
sportif) dans la brasse papillon, voilà à mon avis de quoi réjouir
une fin d'après-midi pour qui a réalisé cet exploit, mais de là à
pavoiser [1] les bâtiments publics, il y a loin.

Jean Giono, « Le Sport », Les Terrasses de l'île d'Elbe,
© Gallimard, coll. « L'Imaginaire », 1976 ; rééd. 1996, p. 101-104.

Compréhension et analyse
1. Quelles thèses l'auteur réfute-t-il dans le premier paragraphe ?
2. Dans ce même paragraphe, à quoi Giono réduit-il le sport ?

■ Document 10

L'*Abécédaire de l'ambiguïté* d'Albert Jacquard (né en 1925) comporte une entrée au mot « Sport ». L'essayiste et scientifique y dénonce l'esprit de compétition qui règne dans le milieu sportif.

Cent mille spectateurs qui vocifèrent [2] et s'enrhument, trente
joueurs qui se disputent violemment un ballon et s'épuisent. Des
milliers de sans-le-sou venus, en dépensant leur dernier billet,
admirer des vedettes qui gagnent en quelques matches ce qu'eux-mêmes ne gagneront pas durant leur vie. Chaque jour nos journaux, nos télévisions, nous présentent ces événements comme du

---
1. *Pavoiser* : décorer.
2. *Vocifèrent* : hurlent.

« sport ». Le résumé de ce qui s'est passé tient en quelques chiffres, le score, qui désigne le gagnant et mesure sa supériorité.

Par mille canaux, notre société nous amène à croire que le moteur de la vie est la compétition. On ne parle que de gagneurs ; il nous faut, paraît-il, préparer les enfants à entrer dans cette catégorie, faute de quoi ils seront des perdants, des minables. Cette vision effrayante du sort humain a envahi le domaine de l'activité physique ; on ne parle plus que de sport de compétition, oubliant que l'origine de ce mot est le vieux français *desport* qui signifiait « amusement ».

Oui, il s'agit de m'amuser, de profiter de la conscience que j'ai du fonctionnement de mon corps, pour en jubiler, pour obtenir de lui plus qu'il ne voulait donner. Entrer en compétition, oui, mais avec le seul compétiteur digne de moi : moi. Pourquoi vouloir sauter plus haut que X ou courir plus vite que Y ? Il est plus important de sauter aujourd'hui plus haut que moi hier, de courir plus vite que moi. Pour y parvenir, j'ai sans doute besoin de l'exemple des autres ; pour descendre de 20 à 19 secondes, aux 100 mètres, j'ai besoin de l'exemple de ceux qui sont descendus à moins de 10 secondes ; c'est là leur seule utilité.

Dans les sports d'équipe, on admet volontiers que seul compte l'ensemble constitué par les participants ; chacun est au service de tous : le joueur trop individualiste est mal jugé. Ce constat ne doit pas être limité à chaque équipe, il faut l'étendre à la collectivité que constitue la totalité de ceux qui jouent : lorsque le « 15 de France » rencontre le « 15 du Pays de Galles », nous sommes face non à deux équipes qui se battent, mais à une seule équipe de trente joueurs qui, pour notre plaisir, pour la joie de nos yeux, se sont réparti les rôles. La qualité du jeu dépend à égalité de tous, qu'ils soient d'un côté ou de l'autre. Si quelques-uns jouent mal, c'est l'ensemble de la partie qui sera raté. Quel progrès nous obtiendrions contre nos vieux réflexes stupides si, au lieu de glorifier la victoire de telle équipe, nous jugions simultanément les deux équipes en fonction de la ferveur[1] de leur engagement ! Imaginez qu'en première page de votre journal on ne parle que de la qualité du jeu : l'on n'y apprendrait que dans une page intérieure le score obtenu, ou même on l'ignorerait. Imaginez des stades où soit supprimé le tableau enregistrant les buts et les points. Imaginez que l'on n'entende plus dans les rues, le soir du match, tous ces braillards avinés criant stupidement « on a gagné », alors que ceux qui crient ont bien peu de part dans ce « on ».

Je ne sais quel peuple africain se passionne pour le football, mais a apporté à la règle du jeu une légère modification : lorsqu'un joueur de l'équipe A marque un but contre l'équipe B, il va aussitôt jouer dans cette équipe B. En échange d'un membre de celle-ci. L'intérêt du spectacle est ainsi prolongé. Dans l'ambiance actuelle de nos sociétés, un tel comportement semble absurde ; au mot sport nous associons spontanément le mot compétition. La sagesse serait pourtant de lui associer le mot connivence[2].

Si la vie se résume à une succession de combats toujours recommencés, pour l'emporter sur les autres, elle est dès le départ rendue définitivement vaine, gâchée. Dans la nature, la compétition n'est nullement une attitude nécessaire ; les exemples sont nombreux d'entraide, de mise en commun, de connivence. Pour l'espèce humaine, cette connivence est particulièrement nécessaire, car chaque membre de l'espèce a besoin des autres pour s'accomplir. Pour faire un homme, il faut des hommes. Nous sommes l'espèce qui est, de très loin, celle où l'apprentissage, c'est-à-dire l'écoute de l'autre, joue le plus grand rôle.

Albert Jacquard, *Abécédaire de l'ambiguïté.*
De Z à A : des mots, des choses et des concepts,
© Seuil, 1989 ; rééd. *Petit Abécédaire de culture générale :*
40 mots-clés passés au microscope,
Seuil, coll. « Points goût des mots », 2010.

---

1. *La ferveur* : l'enthousiasme.
2. *Connivence* : voir note 2, p. 57.

> **Compréhension et analyse**
> 1. En quoi le principe de compétitivité est-il paradoxal dans le sport ?
> 2. Quelles sont les solutions préconisées par Albert Jacquard ?

■ Document 11

Le philosophe français Gustave Thibon (1903-2001) a développé une pensée assez conservatrice : s'il admet que le sport révèle toujours les meilleurs, il critique néanmoins l'intérêt médiatique qu'on lui porte, signe d'une décadence annoncée.

Je ne méconnais pas la valeur humaine du sport. Sa pratique exige de solides vertus de l'esprit : maîtrise de soi, rigueur, discipline, loyauté. La compétition sportive est une école de vérité : la toise[1], le chronomètre, le poids du disque ou de l'haltère éliminent d'avance toute possibilité de fraude et toute solution de facilité. Aussi, une faible marge de contingence[2] mise à part (indisposition passagère ou influence du climat), la victoire y va-t-elle infailliblement au meilleur, ce qui est loin d'être le cas dans les autres compétitions sociales, par exemple dans la bataille électorale ou dans la course à l'argent et aux honneurs. Un homme politique peut faire illusion sur ses mérites ; un sportif est immédiatement sanctionné[3] par les résultats de son effort. Ici, le vrai et le vérifiable ne font qu'un...

Cela dit, je vois dans cet engouement exagéré pour le sport le signe d'une dangereuse régression vers le matérialisme[4] – et un matérialisme rêvé plutôt que vécu.

---
1. *Toise* : ancienne mesure française de longueur valant 1,949 mètre.
2. *Contingence* : hasard.
3. *Sanctionné* : ici, confirmé.
4. *Matérialisme* : voir note 1, p. 204.

Expliquons-nous.

J'ai parlé des vertus sportives. Mais l'unique but de ces vertus est d'exceller dans un domaine qui non seulement nous est commun avec les animaux, mais où les animaux nous sont infiniment supérieurs. S'agit-il de la course à pied ? Que représente le record des 200 mètres abaissé d'un quart de seconde en comparaison des performances quotidiennes d'un lièvre ou d'une gazelle ? Du saut en longueur ou en hauteur ? Regardez donc l'agilité de l'écureuil qui voltige de branche en branche. Du lancement du disque ou d'haltérophilie ? Quel champion égalera jamais l'exploit de l'aigle qui « arrache » et enlève dans le ciel une proie deux fois plus lourde que lui ? Par quelle étrange aberration restons-nous si souvent indifférents aux exemples des sages et aux œuvres des génies, alors que nous nous extasions devant les prouesses qui n'imitent que de très loin celles de nos « frères inférieurs » ?

Je disais que le sport exclut la fraude. Ce n'est plus tout à fait vrai. La fièvre malsaine du record dicte souvent l'emploi d'artifices [1] malhonnêtes. Est-il besoin d'évoquer les scandales du *doping* [2] ? Et nous avons appris la disqualification de deux championnes olympiques à qui, pour augmenter le tonus musculaire, on avait injecté des hormones mâles. Tout cela procède d'une barbarie technologique qui sacrifie les deux fins normales du sport (la santé du corps et la beauté des gestes) à l'obsession de la performance.

Mais il y a pire. C'est précisément à une époque où les hommes, esclaves des facilités dues à la technique, n'avaient jamais tant souffert du manque d'exercice physique qu'on voit se développer cet enthousiasme délirant pour les manifestations sportives. Des gens qui ont perdu le goût et presque la faculté de marcher ou qu'une panne d'ascenseur suffit à mettre de

---

1. Artifices : voir note 3, p. 74.
2. Doping : dopage.

mauvaise humeur, se pâment devant l'exploit d'un coureur à pied. Des gamins qui ne circulent qu'en pétrolette[1] font leur
50 idole d'un champion cycliste. Il faut voir là un phénomène de transposition un peu analogue à celui qu'on observe dans l'érotisme : les fanatiques du sport-spectacle cherchent dans les images et les récits du sport-exercice une compensation illusoire à leur impuissance effective. C'est la solution de facilité dans
55 toute sa platitude. Admirer l'exception dispense de suivre la règle ; on rêve de performances magiques et de records pulvérisés sans bouger le petit doigt ; l'effervescence cérébrale compense la paresse musculaire...

Le sport est une religion qui a trop de croyants et pas assez
60 de pratiquants. Remettons-le à sa place, c'est-à-dire donnons-lui un peu moins d'importance dans notre imagination et un peu plus de réalité dans notre vie quotidienne.

Gustave Thibon, L'Équilibre et l'Harmonie,
© Librairie Arthème Fayard, 1976.

Compréhension et analyse

1. En quoi le premier paragraphe illustre-t-il l'idée que le sport consacre la victoire du meilleur ?
2. Quelles causes l'auteur avance-t-il pour expliquer que le sport a « trop de croyants et pas assez de pratiquants » ?

Prolongements

Exposés
- Sport et politique.
- Intégration et exclusion dans le sport.

---

1. *Pétrolette* : motocyclette.

✏ Vers l'examen

Synthèse de documents : vous confronterez les documents 1, 4, 11 et la photographie des Jeux olympiques de Berlin (cahier photos, p. 7) autour de la question de la valeur mythique du sport.
Écriture personnelle : 1. « Le sport est sacré ; or, c'est la plus belle escroquerie des temps modernes », qu'en pensez-vous ? 2. Selon vous, l'idéal sportif est-il en péril ?

📖 À lire

— **Haruki Murakami**, *Autoportrait de l'auteur en coureur de fond*, 10/18, 2011. [En 1978, l'auteur vend son club de jazz pour se consacrer à l'écriture de son roman. Voyant qu'il commence à prendre du poids, il décide de courir quotidiennement. Il découvre peu à peu des points communs entre les deux disciplines : course et écriture se rejoignent par l'endurance et la concentration qu'elles requièrent, mais aussi par ce qu'elles révèlent sur l'être qui s'y adonne.]

— **Mathieu Lindon**, *Champion du monde*, Gallimard, coll. « Folio », 1996. [Ximon est un jeune orphelin suédois qui rêve de devenir champion du monde de tennis. Aidé par Kylh, ancien joueur talentueux, Ximon commence à s'entraîner. Saura-t-il trouver en lui toutes les qualités nécessaires à un athlète pour atteindre son but ?]

👁 À voir

— **Clint Eastwood**, *Million Dollar Baby*, 2005. [Frankie Dunn, entraîneur de boxe, traverse depuis longtemps un désert affectif quand la jeune Maggie fait irruption dans sa vie : elle rêve de monter sur le ring, et de gagner. Entre les deux êtres esseulés se noue alors bien plus qu'une relation sportive.]

— **Ken Loach**, *Looking for Eric*, 2009. [Postier à Manchester, Eric Bishop sent que sa vie lui échappe quand un soir, alors qu'il s'adresse à son idole Éric Cantona pour lui demander son aide, le footballeur français apparaît pour l'inviter à reprendre sa vie en mains...]

8. Quel est le rôle de l'homme dans l'avenir de la planète ?

📷 Entrée par l'image
Photographies de la catastrophe de l'*Erika* (cahier photos, p. 8).
1. Quels sont les éléments de notre environnement qui apparaissent sur ces deux photographies ? En quoi sont-ils différents de leur aspect habituel ? Selon vous, que leur est-il arrivé ?
2. Cherchez quel événement est désigné sous le nom « catastrophe de l'*Erika* » puis reprenez la question 1. En quoi est-ce une tragédie pour notre biosphère ?
3. Quel est le rôle de l'homme dans cette catastrophe écologique ? Pouvez-vous citer d'autres phénomènes nocifs pour la planète dont il serait à l'origine ?

1. L'homme : une menace pour l'écosystème

■ Document 1

Philosophe allemand, Hans Jonas (1903-1993) apporte une réponse philosophique aux problèmes environnementaux consécutifs aux avancées de la technique humaine : la responsabilité de l'homme à l'égard de la nature interdirait à celui-ci toute action qui pourrait nuire soit aux générations futures, soit à la qualité de l'existence future sur Terre. Pour l'auteur, il existe un droit éthique autonome de la nature et un devoir être de l'homme.

Et la philosophie, qu'a-t-elle à faire avec cela ? Jusqu'alors, elle a posé la question de la juste vie pour l'individu, celle de la bonne société, du bon État. Elle s'est depuis toujours occupée de l'action humaine, pour autant qu'il s'agissait d'une action d'humain à humain, mais elle ne s'est guère intéressée à l'homme en tant que force agissant au sein de la nature. Or voici que maintenant le temps en est venu. Il faut pour cela que l'homme soit compris de manière nouvelle dans l'unité de son corps-esprit, en vertu de laquelle d'un côté il est lui-même un être naturel, tout en dépassant de l'autre la nature. N'allons pas nous dissimuler à cet égard que l'usage pratique de l'esprit, donc sa façon de disposer du corps, s'est trouvé depuis le début et pour longtemps au service de ce corps de manière quasi exclusive : pour mieux satisfaire ses besoins, pour les servir plus largement, pour les assurer plus longtemps – et les augmenter constamment de nouveaux besoins qu'il convenait de combler. Au service du corps, l'esprit tourmente la nature. En outre il ajoute sans cesse à tout cela ses propres besoins à lui, d'une dignité plus élevée que ceux du corps, mais affamés de substance comme ceux-ci : toutes les dépenses physiques d'une culture encore supérieure, qui multiplie encore davantage les agressions qu'une humanité déjà excessivement nombreuse inflige à la nature terrestre, laquelle va se rétrécissant. Effectivement l'esprit a fait de l'homme la plus vorace de toutes les créatures. Et cela au rythme d'une progression où l'espèce entière se trouve aujourd'hui poussée à consommer non plus le revenu capable de se régénérer, mais le capital unique de l'environnement…

En nous réveillant d'une orgie de butin et d'une ivresse de victoires technologiques qui durent depuis un siècle, avec toutes leurs utopies de bonheur pour la race entière, voici que nous découvrons un tragique auparavant insoupçonné dans le don du sixième jour de la création [1], celui qui confère l'esprit à un être de besoin et d'instinct. Dans l'esprit, noblesse et fatalité se rencontrent. Lui qui, dans sa valeur intrinsèque [2], porte à une hauteur métaphysique [3] l'Être de l'homme, devient dans sa valeur d'usage l'instrument de la réussite biologique la plus brutale. En soi, l'esprit accomplit la destination de l'homme, autour de soi il répand la corruption. En lui culmine le « oui » de l'être à soi qui se fit entendre avec le premier émoi de la vie sensible et mortelle – et le voilà qui sape la base qui le soutient. Sur les sommets du triomphe extérieur, il place l'espèce parée de ce dernier devant un abîme. Mais qu'il commence à discerner cet abîme, cela lui offre la lueur d'une chance d'éviter la chute. Car l'esprit se reconnaissant ici comme un sort fatal n'est pas seulement une intelligence instrumentale faite pour exercer n'importe quel pouvoir sur les choses ; en fait, il tire plutôt ses propres motivations originelles de la perception des valeurs. En lui se forment les concepts du bien, de devoir et de la faute. Il se glorifie de sa volonté de choix et se déclare ainsi responsable de son action. Et comme son action menace maintenant l'ensemble, il est également en mesure de connaître sa responsabilité dans le maintien de cet ensemble.

Hans Jonas, « Philosophie. Regard en arrière
et regard en avant à la fin du siècle », *Pour une éthique du futur*,
trad. Sabine Cornille et Philippe Ivernel,
© Éditions Payot et Rivages,
coll. « Rivages poches-petite bibliothèque », 1998.

---

1. Dans la Bible, Dieu crée l'homme le sixième jour, en lui donnant un corps et une âme immortelle.
2. *Intrinsèque* : propre à lui-même.
3. *Métaphysique* : voir note 2, p. 30.

Compréhension et analyse

1. Comment l'action de l'homme l'inscrit-il « dans » la nature mais également « contre » celle-ci ?
2. En quoi le fait que l'homme est un *homo sapiens*, en plus d'être un *homo faber*, peut-il sauver ce dernier ?

■ Document 2

Mise en ligne par le Centre d'information sur l'eau, cette synthèse, dont, par nature, les données sont susceptibles d'évoluer, analyse l'état des ressources en eau en France. La démographie et l'urbanisation vont sans cesse croissant. Les besoins en eau augmentent proportionnellement et le développement des activités humaines s'accompagne, inévitablement, d'une production de rejets polluants dans nos cours d'eau et nos nappes phréatiques.

Dans toute l'Europe, les données mettent en évidence les pollutions persistantes des cours d'eau et des nappes souterraines. En France, en 2009, 24 % des eaux de surface et 41 % des eaux souterraines ne sont pas en bon état chimique [1].

Qu'est-ce qu'une pollution ?

Le mot « pollution » existe dans la langue française depuis le XIIe siècle. Mais ce n'est que vers 1960 qu'il prend son sens de dégradation d'un milieu par l'introduction d'un élément malsain.

Il existe deux sortes de pollutions : les pollutions organiques d'origine naturelle (gaz, substances minérales ou organiques, bactéries, virus, plancton, particules d'argile, déchets végétaux) et les pollutions chimiques ayant comme origine les activités humaines. […]

---

1. Source : Eaufrance, *De l'état des eaux en 2009 aux objectifs 2015*.

Qu'est-ce qui génère une pollution ?

Pollutions organiques

Quels qu'ils soient, les usagers rejettent des ordures ménagères végétales ou animales, des déchets animaux ou végétaux, des excréments ou des déjections animales qui sont autant de pollutions organiques. Ces rejets contiennent des bactéries ou des virus qui peuvent entraîner une pollution microbiologique et donc un risque pour la santé publique. Des pollutions organiques peuvent être également causées par la dissolution dans l'eau de matières organiques ou par des phénomènes naturels.

Pollutions chimiques

Grandes cultures et déjections animales d'élevages sont des causes majeures des pollutions chimiques : engrais (nitrates, phosphates, cadmium), pesticides, herbicides, médicaments vétérinaires et compléments alimentaires distribués dans les élevages (cuivre, zinc), azote ammoniacal et phosphore pénètrent dans le sol puis dans l'eau souterraine ou de surface. L'épandage de lisiers dans une proportion supérieure à la capacité des sols et des cultures à les absorber est notamment en cause. Les nitrates et les phosphates issus des engrais favorisent la prolifération d'algues et de bactéries qui s'en nourrissent, ce qui entraîne une mauvaise oxygénation : c'est ce qu'on appelle l'eutrophisation des cours d'eau, des lacs et des littoraux. Pour les nitrates, en 2010-2011, environ 55 % de la surface agricole est classée en zone vulnérable, cela correspond aux régions où l'activité agricole est la plus importante [1]. 91 % des cours d'eau et 70 % des eaux souterraines sont touchés par les pesticides [2].

Les activités industrielles sont responsables pour moitié des rejets polluants organiques (matières en suspension, produits azotés et phosphorés) et de la quasi-totalité des rejets toxiques (métaux, hydrocarbures, acides, matières) et de déséquilibre éco-

---

1. Source : ministère de l'Écologie, du Développement durable et de l'Énergie.
2. Source : Commissariat général au développement durable 2009.

logique en réchauffant les eaux. En 1978, l'État estimait que 55 % de la pollution des ressources en eau provenait des rejets industriels. Depuis, la mise en place dans ces industries de stations de traitement des eaux usées a largement amélioré la situation.

Les eaux usées produites par les artisans, les commerçants, les établissements de soin, les collectivités mais également par les particuliers sont à l'origine de pollutions. Produits de nettoyage des pressings, produits de coloration des salons de coiffure, solvants des imprimeries, lubrifiants des garages, résidus de soins, résidus de nettoyage, produits d'entretien, peintures, matières organiques azotées, germes fécaux... autant de polluants rejetés dans les canalisations et envoyés dans les stations de dépollution des eaux usées ou, pire, remis directement dans le milieu naturel.

© Centre d'information sur l'eau, « L'État des ressources », 28 février 2012, (http://www.cieau.com/les-ressources-en-eau/en-france/l-etat-des-ressources).

Compréhension et analyse
1. Quelles sont les types de pollution de l'eau causés par l'homme ?
2. À quoi sont dues ces différentes pollutions ?

■ Document 3

Écrivain français né en 1952 et récompensé par de nombreux prix, dont le prix Goncourt pour *Rouge Brésil*, Jean-Christophe Rufin publie *Le Parfum d'Adam* en 2007. Sorte de thriller planétaire qui nous plonge dans les milieux de l'extrémisme écologique, le roman a pour héroïne Juliette, jeune militante fragile et idéaliste. Lors d'une conversation avec Harrow, écologiste radical, elle identifie le plus grand danger pour la planète : l'homme lui-même.

« On trouve tout ce qu'il faut dans la nature, même ici. À condition de ne pas être trop nombreux.

– Voilà !

– Oui, dit Harrow, en tisonnant le feu. C'est le grand secret. C'est cela qui caractérise les sociétés traditionnelles. Elles se sont adaptées à la nature et non l'inverse. Les combats rituels, les sacrifices, toutes les interdictions avaient pour but de limiter la taille du groupe. Ainsi, le milieu naturel pouvait toujours le nourrir en abondance. »

Sur ce sujet, Harrow devenait presque volubile[1]. Il continuait de parler lentement, mais on sentait qu'il était au cœur de son sujet.

« Mais un jour, les hommes ont cessé de voir des dieux partout et ils ont placé au sommet de toutes choses un Dieu unique. Chaque homme, reflet de ce Dieu, est devenu sacré. L'individu a acquis plus de valeur que le groupe et l'espèce humaine s'est mise à proliférer. La nature n'y a plus suffi. L'équilibre était rompu. L'abondance était devenue pauvreté. »

Une minuscule bulle de gaz dans une braise se mit à chuinter. Harrow parut écouter cette fragile mélodie, comme si elle lui délivrait un message. Puis le feu se tut et il reprit la parole.

« L'être humain s'est mis à torturer la terre pour qu'elle produise toujours plus. Il l'a couverte de bornes, de clôtures. Il l'a lacérée[2] avec des charrues, poignardée avec des pioches, éventrée avec des bulldozers et des explosifs. Et tout cela pour permettre à toujours plus d'hommes de s'y multiplier. Et d'en recevoir toujours moins. »

Dans cette nuit claire du désert, peuplée d'une assemblée d'ombres sorties des reliefs, il semblait que cette voix sourde et grave exprimait la pensée même de la terre.

Derrière le silence de cette nature vierge, Juliette distinguait comme un imperceptible grondement lointain. En d'autres

---

1. *Volubile* : capable de s'exprimer avec aisance et rapidité.
2. *Lacérée* : déchirée.

circonstances, elle aurait dit que c'était simplement le sang qui battait dans son oreille. Mais maintenant elle savait d'où provenait cette rumeur. C'étaient les villes en marche avec leur avant-garde d'asphalte et d'ordures ; le filet des autoroutes jeté sur la terre pour la capturer ; le pas lourd des légions humaines qui, par milliards, déversaient leur multitude dans les plaines sans défense, le long des côtes, et jusqu'au flanc des montagnes... C'était le bruit des forêts abattues, des bêtes sauvages massacrées, des rivières étouffées d'immondices, du ciel empesté de fumées, des mers polluées de pétrole. Ces images se bousculaient dans l'esprit en alerte de Juliette. Elle aurait pu crier tant l'impression qu'elles produisaient sur elle était douloureuse et forte. Aucun livre, aucun article de journal, aucune propagande n'aurait pu donner corps à ces menaces comme le faisait cette immensité déserte et silencieuse.

En même temps, par son existence même à l'écart de toute souillure, ce lieu grandiose et pur proclamait que le combat n'était pas encore perdu. Il restait sur le globe suffisamment d'endroits inviolés, de zones arides, de montagnes, de forêts vierges pour que la marche de la nature vers sa mort puisse connaître un sursis et qu'un jour, même pour le monde sauvage, vienne une revanche.

Jean-Christophe Rufin, *Le Parfum d'Adam*, Flammarion, 2007 ; rééd. Gallimard, coll. « Folio », 2008, p. 308-309.

Compréhension et analyse
1. Selon Harrow, en quoi l'homme menace-t-il la nature ?
2. Étudiez les procédés d'hyperbole et d'emphase grâce auxquels l'auteur traduit la prise de conscience de l'ampleur de la menace par Juliette.

■ Document 4

L'homme et son industrie rejettent dans l'environnement des gaz à effet de serre (méthane, dioxyde de carbone), qui réchauffent l'atmosphère de la planète. Ainsi, on estime que la température de l'air va augmenter de deux à sept degrés dans le monde entier au cours du XXIe siècle. La carte ci-après, p. 228, présente les effets possibles de ce réchauffement climatique à l'horizon 2050-2100.

Compréhension et analyse

1. Essayez d'expliquer les différentes capacités d'adaptation de chaque pays au réchauffement climatique.
2. Quels sont les problèmes liés au réchauffement climatique dont on entend déjà parler ?

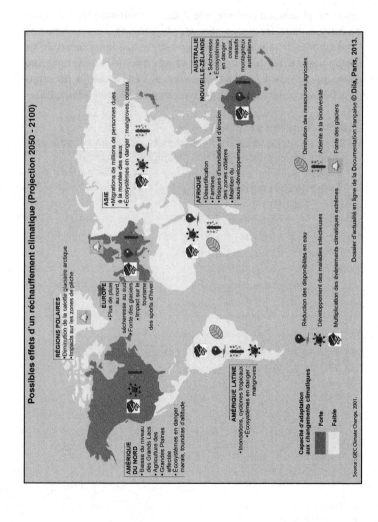

2. De nouvelles formes de pollution ?

■ Document 5

Dans le texte suivant, l'ONG WWF[1] s'intéresse à une nouvelle forme de pollution sur l'environnement due aux avancées technologiques humaines : celle causée par les technologies de l'information et de la communication.

Consommation électrique et émissions de gaz à effet de serre

Les Technologies de l'information et de la communication (TIC) représentent 13,5 % de la facture électrique française. On estime que les postes de travail informatiques professionnels et les centres de données représenteraient respectivement 18 % et 7 % de cette facture en 2008. Quant aux gaz à effet de serre générés par la production et la consommation énergétique des TIC, ils représenteraient 5 % des émissions françaises. Un chiffre qui peut sembler relativement modeste mais la tendance est plus inquiétante. Comme l'augmentation de l'efficience[2] énergétique de ces technologies ne compense pas leur extension considérable, la consommation électrique des TIC a augmenté de 10 % par an sur les dix dernières années. Un chiffre en contradiction avec les objectifs du paquet énergie-climat[3] de l'Union européenne. D'autant plus si l'on tient compte de « l'énergie grise[4] »

---

1. *ONG WWF* : Organisation non gouvernementale internationale de protection de la nature et de l'environnement, initialement dénommée *World Wildlife Fund*.
2. *Efficience* : efficacité.
3. *Paquet énergie-climat* : plan d'action adopté en 2008 par la Commission européenne pour développer une énergie durable et lutter contre le changement climatique.
4. *Énergie grise* : énergie nécessaire au cycle de vie d'un matériau, de sa production à son recyclage.

15 et des émissions associées. Or, le matériel informatique est fabriqué essentiellement en Asie où le kWh [1] est près de 10 fois plus carboné qu'en France.

Épuisement des ressources non renouvelables

La fabrication des composants électroniques qui constituent les éléments de base d'un ordinateur nécessite d'importantes
20 quantités de métaux précieux, terres rares, et minerais comme le terbium, l'hafnium, l'argent, l'or, le zinc, le coltan, etc., dont les gisements connus seront épuisés d'ici deux à trente ans. Le concept de « sac à dos écologique » donne une idée précise de l'intensité en ressource d'un produit fini. Il rapporte le poids de
25 matières premières brutes au poids du produit fini. La fabrication d'une puce électronique de 2 grammes nécessite environ 2 kilogrammes de matières premières et 30 kilogrammes d'eau soit un rapport de 16 000 : 19 contre 54 : 110 pour une voiture. Or, la quantité de puces électroniques produites chaque année
30 ne cesse d'augmenter à mesure que les produits de la vie courante deviennent « intelligents ».

Face à la raréfaction des gisements facilement accessibles, les producteurs de matières premières nécessaires à la fabrication des ordinateurs risquent d'utiliser des méthodes d'extraction de
35 plus en plus polluantes – l'or en Guyane [2] – basées sur une grande quantité de produits chimiques toxiques : mercure, arsenic, etc. Au delà d'une hausse du prix des matières premières, la raréfaction des ressources non renouvelables encourage également le marché noir et les conflits armés, comme le coltan dont
40 le trafic entretient la guerre civile, l'esclavage et les enfants soldats en RDC [3].

---

1. *kWh* : le kilowattheure est une mesure d'énergie.
2. En Guyane, l'extraction illégale d'or a causé la pollution des cours d'eau et la contamination des populations locales.
3. *RDC* : République démocratique du Congo.

Pollution par des substances toxiques

Les TIC concentrent de nombreuses substances chimiques nocives pour l'environnement et la santé. Notamment lors du processus de fabrication ou le démantèlement des équipements
45 en fin de vie si les travailleurs ne sont pas suffisamment protégés. Ce qui est souvent le cas lorsque des déchets électroniques sont expédiés illégalement dans les pays émergents pour leur « reconditionnement ». La directive européenne RoHS12 restreint – sans les interdire – la quantité pouvant être utilisée dans
50 les équipements électroniques pour les six substances suivantes : le mercure, le plomb, le cadmium, le chrome hexavalent, les polybromobiphényles (PBB), et polybromodiphényléthers (PBDE). Mais cette réglementation est loin d'être suffisante. D'autres substances préoccupantes continuent à être utilisées
55 par les industriels malgré le risque qu'elles représentent : les retardateurs de flammes halogénés, les additifs du PVC, les phtalates, le bisphénol A, l'arsenic, etc. Selon l'US Environmental Protection Agency [1], 70 % des métaux lourds (extrêmement toxiques pour les êtres vivants) présents dans les décharges
60 nord-américaines proviennent du matériel électronique qui s'y accumule. En s'infiltrant dans le sol, puis dans les nappes phréatiques, ces substances toxiques remontent la chaîne alimentaire... jusque dans notre assiette !

© WWF-France, *Guide pour un système d'information éco-responsable*, 2011, p. 6-7.

Compréhension et analyse
1. En quoi les TIC sont-ils une menace pour l'environnement ?
2. Une fois hors d'usage, que deviennent les matériels électroniques ? Pourquoi est-ce préoccupant ?

---

1. *US Environmental Protection Agency* : Agence américaine de protection de l'environnement.

■ Document 6

Professeur de biologie moléculaire, chercheur et co-directeur au CNRS [1], Gilles-Éric Séralini (né en 1960) a été expert pendant neuf années pour le gouvernement français en matière d'évaluation des organismes génétiquement modifiés (OGM), espèces végétales et animales obtenues par manipulation génétique. Dans l'essai polémique qu'il publie en 2012, il tente de prouver les effets toxiques d'un OGM alimentaire majeur et du pesticide le plus utilisé dans le monde, le Roundup : cancers, maladies nerveuses, hormonales et immunitaires mais également conséquences catastrophiques pour l'environnement. Il se fonde sur une expérience menée par son équipe du CNRS, où des rats nourris de maïs OGM tolérant au Roundup ont développé d'impressionnantes tumeurs cancéreuses. Dans la conclusion de son livre, il établit un parallèle entre la nocivité des OGM et la catastrophe nucléaire de Fukushima [2].

Alors que les chiffres effroyables des tumeurs de nos rats s'affichaient, je saisis comme jamais les trois points communs de deux technologies [3] qui ont transformé le XXe siècle.

Les Égyptiens nous ont légué voilà six mille ans le Sphinx et
5 les pyramides, et les seules traces que nous sommes certains de laisser sur une période comparable sont ces verrues d'explosions radioactives. Les OGM introduisent aussi dans l'environnement des modifications irréversibles à l'échelle humaine. Premier parallèle. Première bombe, à retardement cette fois. S'arrogeant
10 le droit de transformer le vivant à une vitesse industrielle, les créateurs d'OGM, couverts par des experts permissifs, ont inclus des séquences génétiques artificielles dans le patrimoine héréditaire des principales espèces cultivées, mais aussi dans celui des

---

1. *CNRS* : voir note 4, p. 46.
2. Survenue au Japon en mars 2011. Voir note 1, p. 33.
3. À savoir les OGM et le nucléaire.

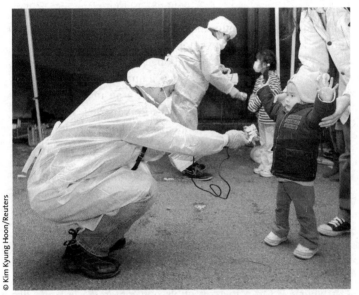

▲ Fonctionnaires en combinaison de protection chargés de détecter des signes de radiation sur la population regroupée dans la zone d'évacuation près de la centrale nucléaire de Fukushima, le 12 mars 2011, après la catastrophe.

moustiques, des poissons, des animaux de ferme, et de tant d'arbres des forêts. Alors qu'une explosion nucléaire cause une pollution brutale et massive, destinée à diminuer au cours des milliers d'années suivantes (même si actuellement elle se concentre dans la chaîne alimentaire et dans celle de la vie), les OGM provoquent la seule pollution vivante susceptible de se multiplier avec le temps.

Deuxième parallèle : les deux phénomènes provoquent une contamination mondiale, inévitable et omniprésente. À Fukushima, des agriculteurs voyant leurs terres polluées par les rejets de l'explosion se sont suicidés, allongeant la liste des vingt mille victimes du tsunami. Et, tandis que cinquante mille âmes ont dû quitter immédiatement leurs logements à au moins vingt kilomètres à la ronde de la centrale, les flots marins, les courants aériens et les exportations entraînaient au loin les résidus radioactifs. Des contrôles de radioactivité ont été mis en place aux douanes de certains pays, notamment pour les produits de pêche japonais. Vaine barrière. L'onde de choc a été mondiale : l'Allemagne, la Suisse, la Belgique, l'Italie se préparent à sortir du nucléaire, comme on dit, ou confirment leur projet de le faire. Le nuage radioactif, on le sait bien depuis Tchernobyl, ne s'arrête pas aux frontières.

Les OGM, eux, sont censés être identifiés et déclarés aux abords des cent soixante-deux pays signataires de l'accord de Carthagène [1]. On s'aperçoit qu'ils ont contaminé la soute des bateaux dans tous les ports où transitent des importations de soja pour animaux. On nous a montré dans les ports du Japon des repousses géantes de colza OGM tolérant le Roundup dont les semences sont arrivées des États-Unis par cargos. Ce type de colza n'a pourtant jamais été autorisé au Japon, mais les conta-

---

1. Signé en 2000, le ***protocole de Carthagène*** constitue le premier accord international sur les OGM. En vigueur depuis 2003, il permet aux pays signataires de refuser l'importation d'OGM.

minations sont inévitables. Qui plus est, ce sont des herbicides à base de glyphosate qui sont utilisés pour désherber les zones portuaires, ce qui confère au colza tolérant le Roundup un avantage sur les autres herbes envahissantes. On le constate aussi en France au bord des autoroutes. Le colza se dissémine vite et bien.

Troisième parallèle : la non-prise en compte par la science réglementaire et certains experts atteints de cécité[1] et de surdité, des effets des résidus faiblement radioactifs (métaux lourds, etc.) et des résidus chimiques s'accumulant dans le corps. On a compris que ceux de Roundup présents dans les plantes transgéniques pouvaient, comme les pesticides, laisser des traces, qui s'avéreront pathogènes[2] pour les organismes qui les ont consommées.

Gilles-Eric Séralini, *Tous cobayes !*, Flammarion, 2012, p. 246-248.

Compréhension et analyse
1. Relevez les conséquences nocives des OGM.
2. Selon l'auteur, en quoi cette utilisation des OGM est-elle une catastrophe à l'échelle environnementale au même titre qu'un accident nucléaire ?

■ Document 7

Dans l'article suivant, daté de 2012, la journaliste Carole Bibily fait le point sur l'utilisation du gaz de schiste et les problèmes dus à son extraction, sujets de débat en France à l'heure de la transition énergétique.

Qu'est-ce que c'est ?

Le gaz de schiste tire son nom d'une mauvaise traduction du terme anglais *shale gas* puisque ce gaz naturel n'est pas contenu

---
1. *Cécité* : privation de vision.
2. *Pathogènes* : génératrices de maladies.

dans des schistes, au sens tectono-métamorphique [1], mais dans des argiles sédimentaires, c'est-à-dire des roches qui sont à la fois compactes et imperméables. Cette spécificité en fait un gaz non conventionnel, puisqu'il n'est pas situé dans des réservoirs classiques mais contenu à une faible densité, entre 1 et 3 kilomètres de profondeur.

L'extraction par hydrofracturation [2]

Son extraction est plus complexe que dans le cas des réserves de gaz naturels. Il est nécessaire de le rendre perméable à la roche-mère qui le contient. Le procédé utilisé pour extraire ce gaz combine des techniques de forage directionnel horizontal et d'hydrofracturation. Par un conduit spécifique, on injecte sous haute pression (plus de 600 bars) un mélange d'eau, de sable et de détergents pour créer des microfissures dans la roche mère et libérer le gaz qui remonte à la surface.

Les risques environnementaux

Le forage du gaz de schiste par hydrofracturation est fortement remis en cause. Il présente davantage de risques pour l'environnement que l'exploitation du gaz conventionnel, note le cabinet de conseil AEA chargé du rapport sur les incidences environnementales et la santé par la Commission européenne.

L'hydrofracturation nécessite des millions de litres d'eau. Chaque puits peut-être fracturé plusieurs fois, engloutissant entre 10 et 15 millions de litres d'eau. Cette technique utilise également des centaines d'additifs [3] chimiques. Seule une partie de l'eau utilisée lors du forage est récupérée, un reste important

---

1. *Tectono-métamorphique* : selon la transformation des plaques tectoniques.
2. *Hydrofracturation* : technique qui consiste à injecter une phase aqueuse sous pression dans le forage afin d'élargir les fractures existantes ou d'en créer de nouvelles.
3. *Additifs* : produits incorporés à la matière de base pour en améliorer les propriétés. Ici, les additifs sont destinés à améliorer les propriétés des détergents utilisés pour l'hydrofracturation.

de l'eau peut alors se répandre dans la nappe phréatique, risquant de polluer l'eau potable.

Selon l'Association santé environnement (Asef), qui rassemble 2 500 médecins, l'exploitation des gaz de schiste serait dangereuse, non seulement pour l'environnement mais aussi pour la santé, avec la présence dans les puits d'extraction d'agents « hautement cancérigènes ». De plus, les roches souterraines fracturées libèrent elles aussi des substances toxiques comme des métaux lourds ou encore de la radioactivité naturelle.

Le potentiel

Dans le monde, les ressources en gaz de schiste seraient du même ordre de grandeur que celles de gaz conventionnel. Près de 450 000 milliards de mètres cubes de gaz de schiste seraient répartis partout dans le monde, soit cent quarante ans de la consommation actuelle de gaz naturel. Plus de la moitié des réserves serait en Asie et en Amérique du Nord. Selon les chiffres de l'Agence américaine d'information sur l'énergie (EIA), le sous-sol français disposerait de près de la moitié des ressources potentielles en Europe de l'Ouest.

Les États-Unis ont relancé leur industrie grâce, notamment, à l'exploitation du gaz de schiste qui a renversé l'équilibre énergétique du pays. Les Américains sont ainsi devenus le premier producteur mondial de gaz. L'industrie du gaz de schiste a créé directement et indirectement 600 000 emplois en 2010 et ce nombre pourrait atteindre 1,6 million en 2035.

En Europe le débat n'est pas encore tranché. Plusieurs études publiées récemment par la Commission européenne remettent désormais en cause l'exploitation des gaz de schiste. Le rapport publié par la DG[1] environnement de la Commission européenne montre que son exploitation s'avère plus polluante que

---

1. *DG* : Direction générale.

l'exploitation avec les méthodes traditionnelles. De plus, selon le rapport du Centre de recherche commun (JRC), qui a planché sur la sécurité énergétique européenne, l'exploitation des gaz non conventionnels ne procurerait pas à l'Europe l'indépendance en gaz naturel.

La Pologne, par exemple, qui a accordé des licences d'exploitation, espérant se libérer de sa dépendance au gaz russe, a vite déchanté. Les gisements polonais se sont révélés plus de deux fois moins prometteurs que prévus par l'EIA.

La France a quant à elle interdit la fracturation hydraulique en 2011. En plein débat sur la transition énergétique du pays, le président de la République a clos le débat sur les gaz de schiste lors de son discours d'ouverture de la conférence environnementale de septembre. François Hollande a annoncé le rejet de sept demandes de permis déposés auprès de l'État. « Dans l'état actuel de nos connaissances, personne ne peut affirmer que l'exploitation des gaz et huiles de schiste par fracturation hydraulique […] est exempte de risques lourds pour la santé et l'environnement », a-t-il souligné, ajoutant « entendre les arguments économiques et les considérations souvent exagérées sur les gisements ».

Carole Bibily, « Tout comprendre sur le gaz de schiste »,
© www.lesechos.fr, 14 septembre 2012.

Compréhension et analyse

1. Quels sont les risques environnementaux causés par l'extraction du gaz de schiste ?
2. Toutefois, en quoi cette énergie a-t-elle un fort potentiel ? Que peut-elle permettre paradoxalement ?

3. Prise de conscience et actions pour « sauver » la planète

■ Document 8

La prise de conscience des problèmes environnementaux a conduit l'État français à faire sienne la notion de « développement durable » et à adopter des programmes d'action pour répondre aux besoins de notre société sans compromettre le futur. Née en 1980, cette idée a connu plusieurs étapes de concrétisation, dont la dernière en date est la Stratégie nationale de développement durable (2010-2013) axée autour de neuf défis pour « une économie verte et équitable ».

Introduction

« Durable » : l'adjectif vient aujourd'hui auréoler des actions très diverses. Le « développement durable » s'est installé dans le discours des organisations internationales, des associations, des partis politiques comme des entreprises. Mais de quoi s'agit-il précisément ?

Ce sont les questions environnementales (épuisement des matières premières, changement climatique, perte de la biodiversité, etc.) qui ont conduit, dans les années 1980, à l'émergence de la notion de « développement durable » (ou « soutenable » d'après le terme anglais de *sustainability*). L'idée est de lier fortement le développement économique avec le maintien des équilibres écologiques, de façon à éviter les dégradations irréversibles pour les générations à venir et l'épuisement des ressources naturelles non renouvelables.

C'est lors du premier Sommet de la Terre, conférence des Nations unies qui s'est tenue à Rio de Janeiro en 1992, que les préoccupations de développement durable ont reçu une première concrétisation : affirmation des principes de précaution, de pollueur-payeur, de responsabilité internationale ; adoption de la Convention cadre sur les changements climatiques, qui ouvre la voie au protocole de Kyoto en 1997, et de la Convention sur la diversité biologique ; adoption de l'Agenda 21 [1].

Un nouvel élan est donné en France dans les années 2000 après le Sommet de Johannesburg [2]. Il débouche notamment sur l'adoption d'une Charte de l'environnement, adossée à la Constitution en 2005.

Un « Grenelle de l'Environnement », lancé à l'initiative du président [Nicolas Sarkozy] à l'été 2007, a réuni des représentants de l'État et de la société civile. Cette démarche de consultation, conçue comme « un point de départ à la mobilisation de la société française pour inscrire son développement dans une perspective durable », a permis de dégager un plan d'action [3].

La Stratégie nationale de développement durable (2003-2008)

La Stratégie nationale adoptée le 3 juin 2003 par le gouvernement Raffarin, réuni en Comité interministériel pour le développement durable, s'articule autour de six axes stratégiques [4],

---

1. La *Convention cadre* tente de cerner les enjeux et problématiques liés au changement climatique ; le *protocole de Kyoto* est un accord international pour la réduction de l'émission de gaz à effet de serre ; la *Convention sur la diversité biologique* inscrit la préoccupation environnementale dans le droit international ; l'*Agenda 21* est un plan d'action à l'échelle territoriale et/ou locale pour chaque pays signataire.
2. *Sommet de Johannesburg* : tenu en 2002, il rappelle les objectifs du Sommet de Rio.
3. Depuis, deux conférences sur le climat ont été données, l'une à Copenhague en 2009, l'autre à Cancún en 2010, ainsi qu'un Sommet de la Terre à Rio en 2012 avec une conférence des Nations unies sur le développement durable. En France, une conférence environnementale a eu lieu les 14 et 15 septembre 2012 et un débat sur la transition énergétique est actuellement en cours.
4. Les six axes sont les suivants : « Le citoyen, acteur du développement durable » ; « Territoires » ; « Activités économiques, entreprises et consomma-

recouvrant au total dix programmes d'action (chaque axe comporte au minimum un programme), qui sont assortis d'objectifs, de plans d'actions et d'indicateurs de suivi.

Axe 1 : « Le citoyen, acteur du développement durable »
Il s'agit de :
– rendre le concept de développement durable compréhensible pour tous et de sensibiliser le citoyen à ses différentes dimensions ;
– mettre à disposition du public une information fiable et transparente en matière de développement durable ;
– développer, dans le milieu scolaire et les activités extra-scolaires, l'éducation à l'environnement pour un développement durable et mieux l'intégrer dans les cursus de formation professionnelle ;
– faciliter la participation du citoyen au débat public. [...]

Axe 3 : « Activités économiques, entreprises et consommateurs »
Les objectifs impartis sont les suivants :
– inciter toutes les entreprises à s'engager dans des démarches de développement durable ;
– intégrer le développement durable dans les modes de production et de consommation des produits (biens et services) ;
– développer l'innovation et la création d'entreprises dans les domaines d'activité liés au développement durable ;
– développer la responsabilité sociale et environnementale des entreprises, et en faire une condition de leur bonne gouvernance ;
– mettre en place au niveau de l'État un dispositif financier incitatif.

Il est également prévu de renforcer la prise en compte du développement durable dans les secteurs de l'énergie, des trans-

---

teurs » ; « Prévenir les risques, les pollutions et autres atteintes à la santé et à l'environnement » ; « Vers un État exemplaire » ; « Action internationale ».

ports et de l'agriculture, en mettant en œuvre une politique volontariste de lutte contre le changement climatique dans le secteur de l'énergie, en agissant en faveur d'une mobilité « durable » respectueuse de l'environnement dans le secteur des transports, et en promouvant une agriculture « durable ».

« Le Développement durable en France :
de la stratégie nationale au Grenelle de l'environnement »,
© www.ladocumentationfrançaise.fr, « Dossiers », 1er décembre 2007.

Compréhension et analyse
1. Qu'est-ce que le développement durable ? Quelles en ont été les étapes clés ?
2. Commentez les deux axes présentés en citant quelques actions entreprises.

■ Document 9

Dans son article, la journaliste Gabrielle Bentejac retrace une brève histoire de nos déchets et de nos rapports à eux. Après l'Antiquité qui accueille les premières fosses pour ordures, restes de sacrifices d'animaux et cadavres, le Moyen Âge et l'Ancien Régime[1] laissent s'accumuler les ordures jusqu'au XVIe siècle où l'on commence à les ramasser. C'est véritablement au XIXe siècle que naît la propreté, avec l'apparition des caniveaux, des premières incinérations d'ordures, puis l'invention de la poubelle et du premier tri sélectif (1883), pour aboutir au XXe siècle à une réelle prise de conscience environnementale.

Le constat est douloureux mais sans appel : nous sommes la seule espèce sur Terre à produire des déchets. La nature est si bien faite que même une feuille morte, un cadavre de guêpe ou

---

1. *Ancien Régime* : voir note 1, p. 28.

une crotte de lapin contribuent à l'équilibre des écosystèmes, donnant raison au chimiste Lavoisier [1] : « Rien ne se perd, rien ne se crée, tout se transforme. » Ce fardeau, conséquence de sa passion pour l'éphémère, la nouveauté et le confort, l'homme le traîne depuis toujours. Et il a beau être dégoûté par ses immondices, il continue d'en produire des quantités astronomiques. Finira-t-on par aller voir ailleurs, laissant derrière nous une planète surexploitée et grouillante de déchets comme dans *Wall.E*, le dessin animé des studios Pixar ? Pour éviter ce scénario du pire, il suffit d'en finir avec la démesure de la surconsommation et de tirer les leçons de la relation tumultueuse que nous entretenons avec nos ordures depuis le temps des cavernes. [...]

XXe siècle : du jetable au durable

La société de consommation façonne une économie de l'obsolescence [2] qui incite les foules à tout jeter au lieu de réparer. « Nos maisons sont, de fait, des centres de traitement des déchets », assure Jerry Seinfeld [3] dans un sketch décrivant comment, une fois déballés, nos trésors d'un jour passent rapidement du tiroir au carton, puis à la cave et enfin à la poubelle, notre « meilleur accessoire de rangement », selon Frédéric Dard [4]. Avec le progrès technique, les déchets ne sont plus seulement ménagers, mais aussi industriels, médicaux, électroniques ou nucléaires. De quoi inspirer les artistes contemporains : César compresse voitures et journaux, Christian Boltanski entasse de vieux vêtements, et les *Accumulations* d'Arman [5] prouvent que nos ordures sont les miroirs de notre vie privée.

---

1. *Antoine Laurent de Lavoisier* (1743-1794) : il est considéré comme le père de la chimie moderne. Il a énoncé la loi de conservation de la matière, baptisé l'oxygène et participé à la réforme de la nomenclature physique.
2. *L'obsolescence* : la péremption rapide.
3. *Jerry Seinfeld* (né en 1954) : comédien et humoriste américain.
4. *Frédéric Dard* (1921-2000) : écrivain français.
5. *César*, *Christian Boltanski*, *Arman* : artistes français, sculpteurs connus pour leurs œuvres d'« accumulation » ou de « compression » de matériaux.

Une démarche proche de la rudologie, discipline scientifique apparue en 1985, qui étudie le contenu de nos poubelles et permet de retracer l'évolution de la société de consommation. Dans un registre plus alarmiste, le photographe Chris Jordan shoote les entrailles bourrées de plastique d'oiseaux morts ou la « beauté intolérable » des décharges. Son travail fait écho au combat de militants qui, depuis les années 1970, dénoncent les ravages sur l'environnement de ces tas d'ordures à ciel ouvert, qui accueillent encore aujourd'hui 75 % des déchets produits dans le monde. À New Delhi, Manille ou Madagascar, ces montagnes fumantes constituent même la source de circuits économiques parallèles permettant aux plus miséreux de survivre. Longtemps considérée comme la panacée [1], l'incinération n'a pas non plus la cote auprès des écolos depuis qu'on sait qu'elle émet des molécules toxiques, en plus de créer trop peu d'emplois.

La conscience environnementale naissante favorise plutôt le recours à la stratégie des 3R (réduire, réutiliser, recycler). Les années 1990 voient plusieurs grandes villes (Canberra, Toronto, San José) s'engager dans une ambitieuse politique « zéro déchet », qui pousse producteurs et consommateurs à réduire au maximum leurs ordures. La France n'en est pas encore là : elle ne recycle que 29 % de ses déchets ménagers (contre plus de 50 % en Allemagne). Après l'hygiène, la deuxième vague d'aseptisation [2] de notre société passe donc par l'écologie. Dans les années 2000, le tri sélectif devient la norme et jeter son mégot sur le trottoir est scandaleux, donc rebelle. Les bobos [3] donnent leurs restes aux lombrics ou aux poules, capables d'ingurgiter 150 kilogrammes d'ordures organiques par an. Bien plus radi-

---

1. *Panacée* : voir note 3, p. 78.
2. *D'aseptisation* : de désinfection.
3. *Bobos* : contraction de « bourgeois bohèmes », surnom donné aux personnes relativement aisées, dont les valeurs se situent à gauche, qui affichent une mentalité écologiste et progressiste.

caux, les *freegans* (déchétariens) se nourrissent gratuitement en faisant les poubelles des restaurants pour dénoncer les excès de la surconsommation. « La solution à la faim dans le monde se trouve dans les poubelles de New York », affirme le leader du mouvement, qui souligne que 50 millions de tonnes de nourriture sont gaspillées chaque année aux États-Unis.

© Gabrielle Bentejac, « Crève ordure ! », *Usbek & Rica*, printemps 2012, p. 44-46.

Compréhension et analyse
1. Y a-t-il une hausse des déchets au XXe siècle ? À quoi le voit-on d'après l'auteur ?
2. Quelles sont les politiques adoptées pour gérer ces déchets ?

■ Document 10

La chanson « Respire » a été écrite, composée et interprétée par le groupe Mickey 3D en 2003. Récompensée par une Victoire de la Musique, elle a permis au groupe de se faire connaître du grand public. Elle délivre un message écologique et incite à la prise de conscience des problèmes de notre environnement.

Approche-toi petit, écoute-moi gamin,
Je vais te raconter l'histoire de l'être humain
Au début y avait rien au début c'était bien
La nature avançait y avait pas de chemin
5 Puis l'homme a débarqué avec ses gros souliers
Des coups d'pieds dans la gueule pour se faire respecter
Des routes à sens unique il s'est mis à tracer
Les flèches dans la plaine se sont multipliées
Et tous les éléments se sont vus maîtrisés
10 En deux temps trois mouvements l'histoire était pliée

C'est pas demain la veille qu'on fera marche arrière
On a même commencé à polluer le désert

Il faut que tu respires, et ça c'est rien de le dire
Tu vas pas mourir de rire, et c'est pas rien de le dire

15 D'ici quelques années on aura bouffé la feuille
Et tes petits-enfants ils n'auront plus qu'un œil
En plein milieu du front ils te demanderont
Pourquoi toi t'en as deux tu passeras pour un con
Ils te diront comment t'as pu laisser faire ça
20 T'auras beau te défendre leur expliquer tout bas
C'est pas ma faute à moi, c'est la faute aux anciens
Mais y aura plus personne pour te laver les mains
Tu leur raconteras l'époque où tu pouvais
Manger des fruits dans l'herbe allongé dans les prés
25 Y avait des animaux partout dans la forêt,
Au début du printemps, les oiseaux revenaient

Il faut que tu respires, et ça c'est rien de le dire
Tu vas pas mourir de rire, et c'est pas rien de le dire
Il faut que tu respires, c'est demain que tout empire
30 Tu vas pas mourir de rire, et c'est pas rien de le dire

Le pire dans cette histoire c'est qu'on est des esclaves
Quelque part assassins, ici bien incapables
De regarder les arbres sans se sentir coupables
À moitié défroqués, cent pour cent misérables
35 Alors voilà petit, l'histoire de l'être humain
C'est pas joli joli, et j'connais pas la fin
T'es pas né dans un chou mais plutôt dans un trou
Qu'on remplit tous les jours comme une fosse à purin

Il faut que tu respires, et ça c'est rien de le dire
40 Tu vas pas mourir de rire, et c'est pas rien de le dire

▲ Site de valorisation (recyclage, traitement et stockage) des déchets à Blaringhem (dans le Nord).

Il faut que tu respires, c'est demain que tout empire
Tu vas pas mourir de rire et ça c'est rien de le dire

Il faut que tu respires (× 4)

> « Respire », *Tu vas pas mourir de rire*, interprété par Mickey 3D ;
> paroles : Mickael Furnon ; compositeurs : Mickael Furnon,
> Najah el Mahmoud et Aurélien Joanin ; L.A. Productions, © 2003.

Compréhension et analyse
1. D'après les paroles de cette chanson, quel est le rôle de l'homme dans l'avenir de la planète ?
2. À qui s'adresse cette chanson ? Étudiez comment l'énonciation devient ici un procédé d'argumentation pour faire réagir l'interlocuteur.

■ Document 11

Dans l'extrait ci-contre du tome XXI des *Bidochon*, *Les Bidochon sauvent la planète*, de Binet, Raymonde et Gérard – couple caricatural français apparu en 1977 dans le magazine *Fluide Glacial* – se lancent dans l'écologie : tri sélectif, ampoules basse consommation, recyclage des déchets...

Compréhension et analyse

1. Comment la complexité du tri sélectif est-elle traduite ? Étudiez en particulier la logique de l'absurde dans les bulles.
2. En quoi peut-on parler de satire de l'écologie ?

8. Quel est le rôle de l'homme dans l'avenir de la planète ? | 249

Prolongements

🖱 Exposés
– Les OGM.
– Écologie domestique et initiatives citoyennes.

🖊 Vers l'examen
Synthèse de documents : vous confronterez les documents 1, 3, 5 et 11 autour du rôle de l'homme dans l'avenir de la planète.
Écriture personnelle : 1. Assiste-t-on à une prise de conscience des problèmes environnementaux ? 2. Quels sont les rapports entre l'homme et la nature ?

📖 À lire
– Arto Paasilinna, *Le Lièvre de Vatanen*, trad. Anne Colin du Terrail, Gallimard, coll. « Folio », 1993. [Vatanen est journaliste à Helsinki. Alors qu'il revient de la campagne avec un ami, ce dernier heurte un lièvre sur la route. Vatanen descend de voiture et s'enfonce dans les fourrés, puis dans la nature et vit de multiples aventures à la recherche du lièvre. Un roman décalé qui traite d'écologie avec humour.]
– *Dix façons d'assassiner notre planète*, dir. Alain Grousset, Flammarion, coll. « Tribal », 2007. [Pollution, surpopulation, guerre atomique... Et si les hommes finissaient par assassiner leur planète ? Dix façons d'imaginer le pire, par les grands noms de la science-fiction, de Philippe K. Dick à Pierre Bordage.]

👁 À voir
– Hubert Sauper, *Le Cauchemar de Darwin*, 2005. [En Tanzanie, dans les années 1960, des chercheurs introduisent dans le lac Victoria une espèce de poisson particulièrement vorace : la perche du Nil. Peu à peu, le prédateur fait disparaître la quasi-totalité des poissons indigènes. Mais la catastrophe n'est pas seulement écologique...]

– Jean-Paul Jaud, *Nos enfants nous accuseront*, 2008. [Une prise de conscience des conséquences de la pollution sur l'environnement et l'alimentation pousse le maire d'un petit village des Cévennes à agir : désormais, la cantine de l'école communale ne servira que des produits bio.]

DOSSIER

- Présenter un exposé
- Analyser un texte d'idées
- Analyser un texte littéraire
- Analyser une image
- Analyser un document chiffré ou un schéma
- Construire une synthèse de documents
- Rédiger une synthèse de documents
- Répondre à un sujet d'écriture personnelle
- Rédiger une lettre de motivation

Fiche 1

Présenter un exposé

La réussite d'un exposé repose bien sûr sur sa préparation minutieuse (documentation, mise en forme, choix des supports). Mais elle tient aussi à la maîtrise de la communication verbale (par les mots), non verbale (par les gestes) et picturale (par l'image) pour s'assurer l'attention de l'auditoire.

Préparation de l'exposé

Étape 1 : s'organiser et se documenter

✓ Partager les tâches avec les autres étudiants et se fixer un calendrier.

✓ Se documenter (recherche des articles de presse, essais, textes littéraires et ressources iconographiques sur le sujet). À cette fin, utiliser efficacement le CDI et les ressources d'Internet (en portant une attention particulière à la fiabilité des sites).

✓ Noter les références précises de tous les documents utilisés.

Étape 2 : exploiter les documents

✓ Définir la problématique, c'est-à-dire la question en jeu, dont les documents débattent et à laquelle ils apportent des réponses.

✓ Organiser, trier et synthétiser les informations réunies en fonction de la problématique.

✓ Identifier arguments et exemples en veillant à leur pertinence.

Étape 3 : préparer les supports de l'exposé

✓ Élaborer un plan détaillé. S'interdire de tout rédiger afin de ne pas être tenté de lire son texte.

– Écrire lisiblement et en les surlignant les titres de parties et de sous-parties.

– Soigner l'introduction (contenant une accroche, la présentation du thème, le choix de la problématique et l'annonce du plan) destinée à capter l'attention de l'auditoire et la

conclusion (offrant synthèse et perspectives) qui doit le laisser sur une bonne impression.
– Soigner les transitions qui assurent la cohésion entre les parties.

✓ Préparer les supports visuels (Powerpoint, planches, etc.).

Présentation à l'oral

Étape 1 : avant l'exposé

✓ S'entraîner à la présentation orale en respectant le temps imparti et en veillant à l'équilibre entre les parties.

Étape 2 : pendant l'exposé

✓ Ne pas lire les notes ou les supports visuels, mais s'appuyer sur eux pour parler à l'auditoire.

✓ Soigner l'articulation, le débit et les intonations de voix.

✓ Adopter une gestuelle vivante (regard, posture, mouvements...).

Étape 3 : après l'exposé

✓ Écouter les commentaires et les questions, juger leur pertinence et y répondre avec entrain.

Fiche 2

Analyser un texte d'idées

Les documents textuels appartiennent à des genres différents : certains relèvent de la fiction et d'autres sont appelés textes d'idées ou analytiques. Ces derniers expriment une thèse de façon directe et sous forme de discours informatif, explicatif et/ou argumentatif. On peut trouver dans ce genre des essais, des traités, des articles de presse...

Identifier le texte d'idées

Pour définir la nature d'un texte quel qu'il soit, on étudie le « paratexte », c'est-à-dire toutes les informations qui entourent le document (auteur, traducteur, titre, date, source, présentation). Ces éléments permettent de déterminer l'époque à laquelle il a été publié, s'il s'agit d'un texte traduit, le thème abordé, éventuellement le degré d'objectivité ou de fiabilité du document. L'auteur, si on le connaît, et le titre, notamment s'il est thématique (*Sur la télévision*, *Francoscopie*...), apportent aussi des renseignements sur le domaine auquel appartient le texte : philosophie, psychanalyse, sociologie, etc.

Analyser le texte d'idées

✓ Identifier le **thème** du texte : repérer son champ lexical dominant en relevant les mots qui s'y rapportent.

✓ Identifier la ou les **problématiques(s) ou thèse(s)** formulée(s) : repérer l'expression d'un point de vue (modalisateurs, lexique du jugement).

✓ Analyser la **structure** du texte : 1. Déterminer le **type de raisonnement** suivi – il peut être linéaire (le texte juxtapose ses idées qui toutes étayent sa problématique), dialectique (il repose sur la confrontation d'une thèse et de son antithèse et sur leur rapprochement dans une synthèse qui énonce les conditions dans lesquelles elles peuvent coexister), causal ou déductif (à partir d'un fait établi est tirée une conclusion), etc. 2. Relever les mots exprimant l'**articulation de la pensée** :

« d'une part », « d'autre part », « d'abord », « ensuite », « en outre », « de plus », « enfin », « mais », « en revanche », « cependant », « pourtant », « néanmoins », « donc », « ainsi », « c'est pourquoi », etc.
✓ Identifier les **arguments** et les **exemples** utilisés.

Je m'entraîne

1. À partir des paratextes suivants, je m'entraîne à identifier l'auteur, l'époque, la source, le type de texte et le domaine de la pensée à laquelle il appartient, ainsi que le thème qu'il aborde. Je définis aussi le thème commun à tous ces documents.

– Daniel Cornu, *Journalisme et Vérité : l'éthique de l'information au défi du changement médiatique*, Genève, © Labor et Fides, 2009, p. 15-16.

– Interview d'Ignacio Ramonet par Frédérique Roussel, « Le journalisme est pris dans un affolement », © *Libération*, 18 mars 2011.

– Ryszard Kapuściński, *Autoportrait d'un reporter*, trad. Véronique Patte, © Plon, 2008 ; rééd. Flammarion, coll. « Étonnants Classiques », 2010, p. 40-41 et p. 63-65.

– SNJ, « Charte des devoirs professionnels des journalistes français », www.snj.fr/spip.php?article65.

– Yves Eudes, « Un blogueur peut en cacher un autre », © *Le Monde*, 23 juin 2011.

– Pierre Bourdieu, *La Misère du monde*, © Seuil, 1993, p. 712-713.

– Dominique Cardon, « Vertus démocratiques de l'Internet », © www.laviedesidees.fr, 10 novembre 2009.

2. À partir du document 5 du chapitre 7, « Le Sport : petit abécédaire philosophique » d'Isabelle Queval (voir p. 201), je propose une analyse du paratexte comme ci-dessus, puis j'identifie le type de raisonnement utilisé, l'articulation logique et les connecteurs employés, les arguments et les exemples développés ainsi que la problématique finalement exposée.

Fiche 3

Analyser un texte littéraire

Trois sortes de documents relèvent du texte littéraire : l'extrait de **roman**, le texte de **poésie** et l'extrait de **théâtre**.

Analyser un extrait de roman

Le roman raconte une histoire. Le narrateur qui rapporte celle-ci peut en faire partie (on parle de narration interne, prise en charge par un personnage ou un témoin de l'action relatée), ou non (on parle de narration externe). Il peut exprimer ou non un point de vue. Situés dans une époque et évoluant dans un lieu précis, les personnages, tout comme l'intrigue à laquelle ils participent, reflètent une **vision du monde**.

Analyser un extrait de roman dans le cadre de la synthèse de documents, c'est **faire apparaître les idées exprimées** à travers l'intrigue, les comportements et les propos des personnages. À cette fin, il s'agit d'être attentif aux champs lexicaux, aux marques d'énonciation, aux registres (comique, tragique, épique, satirique, pathétique...) et aux figures de style.

Analyser de la poésie

Un poème possède une forme spécifique : rédigé en vers rimés, en vers libres ou en prose, il construit, à travers un jeu sur le langage et sur les sonorités, des réseaux de sens exprimant une **vision singulière du monde** ou des **émotions**.

Analyser un extrait de poésie dans le cadre de la synthèse de documents, c'est **retrouver les idées exprimées** par le poète en étudiant le titre, les champs lexicaux, le rythme, les images (figures de style – comparaisons, métaphores, anaphores, antithèses... –, symboles, allégories), le registre, les marques de l'énonciation...

Analyser un extrait de théâtre

Le théâtre met en scène des personnages qui parlent et agissent lors d'échanges ou de monologues. Ce faisant, ils expriment des **idées**, des **points de vue**, des **sentiments** et des **émotions**.

Analyser un extrait de théâtre dans le cadre de la synthèse de documents, c'est en **rechercher le thème principal** et **les idées** à travers le comportement et les propos des protagonistes. À cette fin, il s'agit d'être attentif aux champs lexicaux, à l'enchaînement des répliques et aux didascalies, ainsi qu'au double langage spécifique au genre du théâtre verbal et comportemental (au théâtre, les répliques sont dites à la fois aux personnages et au public).

Je m'entraîne

À partir du document 3 du chapitre 8, *Le Parfum d'Adam* de Jean-Christophe Rufin (voir p. 224), je caractérise les deux personnages et la situation d'énonciation puis relève les champs lexicaux afin de définir le thème abordé et les idées présentes. Je résume ensuite les idées défendues par Harrow puis montre en quoi les procédés d'emphase soulignent la prise de conscience de l'ampleur de la menace par Juliette.

Fiche 4

Analyser une image
(dessin de presse, BD, œuvre d'art, publicité, photo...)

Qu'elle soit peinture, photographie, gravure, dessin, dessin de presse, bande dessinée, photo, affiche ou autre, l'image est à la fois objet matériel et message visuel, dont la finalité peut être référentielle (l'image représente le réel), argumentative (elle vise à déclencher une prise de conscience chez le spectateur) et/ou esthétique. L'étude d'une image s'articule autour de trois temps : l'identification, la description et l'interprétation.

Identification

Il s'agit d'identifier les informations suivantes :

✓ **Source** : auteur et/ou commanditaire, œuvre, date. On aura soin de repérer toutes les informations supplémentaires données par une légende, une présentation, etc.

✓ **Nature** : type d'image (photo, dessin, œuvre d'art...), genre auquel elle appartient (photo d'archive, de film ; dessin de presse ; nature morte, portrait, paysage, scène de genre, vanité...), technique utilisée (peinture, fusain, photo noir et blanc...), registre (réaliste, abstrait...).

Description

On étudie le sujet représenté, en se posant les questions suivantes :

✓ Qu'est-ce qui est représenté ? Un ou plusieurs personnages ou objets ? un décor ou motif ?...

✓ Quelles sont les caractéristiques de ce qui est représenté ? Comment le personnage est-il vêtu ? Comment est son corps ? son visage ? Que fait-il ? S'agit-il d'un décor intérieur ? extérieur ?...

On étudie aussi la composition de l'œuvre, en se posant les questions suivantes :

✓ Peut-on repérer des **lignes de construction** ?

✓ Est-il possible de distinguer des **plans différents** ? Premier plan, second plan, arrière-plan.
✓ Quel est le **cadrage** utilisé ? S'agit-il d'un plan serré ou rapproché, ou bien d'un plan large ?
✓ Quelles sont les **couleurs** utilisées ? Sont-elles froides ou chaudes ?
✓ Quel est le **traitement de la lumière** ? Quelle est sa direction ? son intensité ? Joue-t-elle sur un effet de clair-obscur ?
✓ L'image est-elle accompagnée d'un **texte** ? Quelle est la typographie choisie ? Quelle est la forme du texte ? À quel registre de langue appartient-il ? Quelle est sa fonction ?

Interprétation

S'appuyant sur les précédentes étapes – l'identification (qui permet de connaître le contexte de production d'un document iconographique) et la description (qui analyse les différents choix opérés par l'artiste pour traiter son sujet) –, l'interprétation s'interroge sur les visées de l'image.
✓ Veut-elle raconter, décrire, expliquer, persuader, séduire, dénoncer, provoquer, célébrer ?
✓ Son usage est-il institutionnel, social, commercial, scientifique, religieux, politique, culturel ?
✓ Quelles relations s'instaurent entre texte et image ?
✓ Le ton est-il comique, pathétique, tragique, etc. ?

✎ Je m'entraîne

J'applique, étape par étape, la méthodologie ci-dessus afin de pouvoir analyser le document 4 du chapitre 1, dessin de Mutio (voir p. 22).

Fiche 5

Analyser un document chiffré ou un schéma

Les graphiques, schémas, diagrammes en bâtons, en lignes ou circulaires, les histogrammes et autres tableaux chiffrés visent à donner une **représentation quantifiée ou simplifiée** d'un phénomène.

L'analyse de ce type de document s'articule autour des points suivants :
✓ Identifier la **source du document**.
✓ Identifier la **nature du document** (graphique, schéma, diagramme, tableau, etc.).
✓ Identifier le **phénomène traité** et analyser les **données**.
✓ **Mettre en relation** toutes les informations collectées afin de formuler une **conclusion synthétique**.

✏ Je m'entraîne

À partir du document 4 du chapitre 8, la carte du réchauffement climatique (voir p. 228), j'applique la méthodologie ci-dessus.

Fiche 6

Construire une synthèse de documents

La synthèse de documents est l'une des deux parties de l'épreuve de culture générale et expression au BTS ; elle est notée sur 40 (l'autre partie de l'épreuve est constituée de l'écriture personnelle ; voir fiche 8). Il n'est pas demandé un point de vue personnel ou un résumé des différents documents, ni une accumulation de citations : **la synthèse de documents est une confrontation et une reformulation objective par divergence ou par convergence des idées développées par les différents documents**. Elle est construite autour d'une **problématique**. La synthèse décompose les textes afin d'en recomposer un, le vôtre (voir fiche 7). C'est une composition française avec une introduction, un développement et une conclusion.

Lecture du dossier et découverte de la problématique

Le sujet de synthèse contient **trois à quatre documents**, selon les cas, accompagnés du thème traité.

Les documents peuvent être : des textes de fiction (poésie, roman, théâtre), d'idées (essais, articles de presse) ou de référence (articles encyclopédiques), des schémas, des documents chiffrés ou iconographiques (dessins, publicités, photographies, bandes dessinées, etc.). Pour l'analyse détaillée des différents types de documents, voir les fiches 2, 3, 4 et 5.

Quelle que soit la nature des documents, leurs **paratextes** respectifs permettent d'identifier le nom de leurs auteurs ou leurs commanditaires, leurs titres, leurs sources et leurs dates. Tous ces éléments sont des indices précieux pour la recherche de la problématique.

Il convient de lire l'ensemble du dossier très soigneusement, de bien comprendre les documents et de mettre en marge les principales idées, afin de dégager la logique propre à chacun puis de déterminer leur problématique commune, axe essentiel à partir duquel les informations nécessaires à la rédaction de la synthèse seront sélectionnées.

Élaboration du tableau de confrontation

Pour trier, réduire puis hiérarchiser l'information au regard de la problématique, il peut être utile de recourir à un tableau de confrontation. **Cette étape n'est pas obligatoire mais se révèle très fonctionnelle**. Il s'agit d'un **outil de préparation**, qui **ne doit donc pas figurer sur votre copie d'examen**. Le tableau de confrontation vous permet de confronter objectivement les idées de tous les documents sans exception (vous évitant l'oubli d'une idée ou d'un document), de vous préparer méthodiquement au plan et, une fois le tableau rempli, de passer rapidement à la rédaction de la synthèse sans revenir systématiquement aux documents. Méthode :

✓ Travailler au crayon de papier. Les lignes des textes seront numérotées.

✓ Créer un tableau comprenant une colonne par document. Ajouter à droite de l'ensemble une dernière colonne, appelée « Titre des paragraphes », utile à la réalisation du plan.

✓ Attribuer à chaque colonne son document : insérer de gauche à droite, d'abord le(s) texte(s) d'idées, puis le(s) texte(s) littéraire(s), puis le(s) document(s) chiffré(s) ou iconographique(s).

✓ Compléter la première colonne : inscrire l'une à la suite de l'autre les idées du texte, reformulées de manière concise, en respectant l'ordre suivi par ce dernier. À chaque idée correspond une case. Indiquer après chaque idée la ou les lignes du texte où elle figure.

✓ Compléter les autres colonnes : document par document, placer les idées qu'il développe dans le tableau. Si l'idée converge ou diverge avec celle du premier texte, la noter à la même hauteur que celle du premier texte. Si c'est une nouvelle idée, la noter plus bas et allonger le tableau en conséquence. À la fin de cette opération, vous devez obtenir un tableau de 4 à 9 cases de hauteur.

✓ Quand les idées sont toutes inscrites, relire chaque ligne et trouver un titre qui rende compte du thème commun aux documents présents sur cette ligne ; le noter dans la colonne « Titre des paragraphes ». C'est à partir de cette colonne que se construit le plan : à chaque titre correspond un paragraphe de la synthèse.

✓ Une fois le tableau complété, le vérifier : le lire de manière horizontale et chasser les idées isolées en les rattachant à une plus grande idée ou en les abandonnant. Le relire de manière verticale : pour contrôler le nombre d'idées par colonne (une colonne contenant une seule idée doit vous alerter sur le fait que le document de la colonne n'a pas été assez exploité).

Construction du plan

Pour construire votre plan à partir de votre tableau de confrontation, il vous faut classer les titres des paragraphes par affinité thématique, dans un plan en deux ou trois parties respectant une progression d'idées. Chaque partie contient deux à trois paragraphes ; au sein de ces paragraphes, il vous faut déterminer l'ordre d'apparition des auteurs. Chaque paragraphe confronte nécessairement au moins deux documents. Rédigez des phrases de transition entre les parties.

Les plans à éviter : plan par comparaison mécanique (ressemblances/différences) ; plan chronologique ; plan construit à partir de l'un des documents.

Quelques plans types à adapter : plan analytique (causes/conséquences/solutions ; constat/causes/conséquences ; constat/solution à court terme/solution à long terme) ; plan par catégorie (par différents domaines de pensée ; par sous-problèmes ; par points de vue différents).

Fiche 7

Rédiger une synthèse de documents

Introduction

Elle est séparée du développement par un saut de ligne et est structurée en un seul paragraphe d'une dizaine de lignes.
Elle se construit toujours autour de quatre phases :
- ✓ l'annonce du **thème** ;
- ✓ la **présentation rapide des documents** (auteur, titre, genre et date) ;
- ✓ la formulation de la **problématique** ;
- ✓ l'annonce du **plan**, qui doit éviter le « je ».

Développement

La rédaction ne doit pas excéder quatre pages, tous les documents doivent être exploités et toutes les idées restituées à leurs auteurs. L'objet de chacune des parties doit être annoncé par une à deux phrases. Les parties sont composées de deux à trois paragraphes. Chaque paragraphe est un bloc de sept lignes environ, marqué par un alinéa et relié au suivant par un lien logique explicite. Des conventions existent, qu'il faut respecter : les titres de livres, films et tableaux sont soulignés, les titres d'articles sont placés entre guillemets, les auteurs sont présentés avec l'initiale de leur prénom.

Conclusion

C'est l'aboutissement logique de la synthèse. Courte, elle condense les idées majeures des documents. C'est un paragraphe de quatre à six lignes qui apporte une réponse à la problématique et comporte une ouverture qui élargit le débat.

Fiche 8

Répondre à un sujet d'écriture personnelle

L'écriture personnelle est l'une des deux parties de l'épreuve de culture générale et expression au BTS ; elle est notée sur 20 (l'autre partie de l'épreuve est constituée de la synthèse de documents ; voir fiches 6 et 7). Il s'agit de « répondre de façon argumentée à une question relative aux documents proposés. La question posée invite à confronter les documents proposés en synthèse et les études de documents menées dans l'année en cours de culture générale et expression » (*Bulletin officiel*). On attend de la part du candidat qu'il prenne clairement position sur la problématique exposée. La rédaction suit une forme classique (introduction, développement, conclusion) et repose sur une argumentation rigoureuse et organisée, illustrée d'exemples. Le texte doit être long de 60 à 80 lignes environ.

Analyse du sujet

Le sujet se présente sous forme de citation à commenter ou de question ouverte en lien avec l'un des thèmes étudiés pendant l'année. Il est nécessaire de **bien lire le sujet**, **d'encadrer ses mots-clés**, d'y réfléchir pour le **reformuler** et **définir sa problématique** en fonction de l'éclairage apporté par les documents du corpus et par ses connaissances personnelles.

La production d'idées et d'arguments

Six à neuf idées principales (qui correspondront aux paragraphes de votre développement) sont suffisantes, soutenues par des arguments et des illustrations. Pour trouver ces idées, vous devez :

✓ relire les documents de la synthèse afin d'en extraire les arguments ;

✓ réfléchir par vous-même en inversant les points de vue, en procédant par association d'idées ;

✓ vérifier que chaque idée répond bien au sujet et à la problématique afin de ne pas être hors sujet.

Des exemples et des références (essais, livres, films, œuvres d'art…) doivent étayer chaque idée. Pour les trouver, il faut vous appuyer sur les documents de la synthèse, sur ceux étudiés pendant l'année et sur vos connaissances personnelles. Confrontez-les afin de voir en quoi ils divergent ou convergent. Enfin, le tout doit être organisé de manière cohérente et logique.

Les plans types

Différents types de plans peuvent être choisis :
✓ explication/enrichissement ;
✓ explication/contestation/thèse personnelle ;
✓ présentation/restriction/approbation ;
✓ causes/conséquences/solutions ;
✓ avantages/inconvénients/solutions ;
✓ un plan thématique…

L'essentiel est de proposer une **argumentation personnelle** suivant une **progression logique**.

La rédaction de l'introduction et de la conclusion

L'**introduction** se rédige en un seul paragraphe de quelques lignes, séparé du développement par un saut de ligne, et se compose de trois étapes :
✓ rédaction d'une phrase d'accroche et présentation du sujet ;
✓ formulation d'une problématique, qui est la question à laquelle répondra le développement ;
✓ annonce du plan, structuré par des connecteurs logiques.

La **conclusion** est un paragraphe court et précis de quelques lignes, séparé du développement par un saut de ligne. Elle se compose de deux étapes :
✓ le bilan, qui fait la synthèse de votre travail ;
✓ l'ouverture, qui consiste à élargir le sujet (les fausses questions de type interro-négatives, « N'est-ce pas… ? », « Ne faut il-pas… ? », sont à éviter).

La rédaction du développement

Le développement est constitué de deux ou trois parties, séparées par des sauts de ligne et comprenant chacune deux ou trois paragraphes marqués par un alinéa. Parties et paragraphes sont liés entre eux par un lien logique. Chaque partie doit commencer par une introduction partielle qui annonce l'enjeu et la logique de la partie.

Chaque paragraphe est construit autour d'une **idée principale** qui est développée, explicitée et illustrée d'**un ou deux exemples**. Quand on change d'idée, on entame un nouveau paragraphe. Il faut essayer de varier la nature de ces exemples (essai, actualité, références littéraire, cinématographique, artistique...).

Fiche 9

Rédiger une lettre de motivation

Destinée à accompagner un CV, la lettre de motivation est un élément obligatoire pour toute candidature à un stage ou à un emploi ; soit elle répond à une annonce, soit elle est spontanée. Elle a pour but de faire connaître les qualités du candidat et doit susciter l'intérêt du recruteur.

Une forme épistolaire

La lettre de motivation doit respecter les conventions de tout message épistolaire. Elle doit comporter :

✓ en haut à gauche, votre identité (prénom, nom), votre domiciliation (adresse postale) et les moyens de vous joindre (téléphone et adresse de messagerie électronique) ;

✓ dessous, à droite : le nom de l'entreprise puis le nom du destinataire au sein de l'entreprise et, enfin, l'adresse de cette dernière ;

✓ dessous, à droite, le lieu et la date d'écriture ;

✓ avant le contenu de la lettre, à gauche, son objet ;

✓ la lettre commence par l'adresse à votre destinataire (« Madame, », « Monsieur, ») et se termine par une invitation à vous rencontrer suivie d'une formule de politesse ;

✓ enfin, votre signature.

Votre expression et votre orthographe doivent être irréprochables : relisez-vous plusieurs fois !

Une forme argumentée

Votre lettre est composée de paragraphes (marqués par un alinéa et éventuellement un saut de ligne), qui correspondent chacun à une idée.

Premier paragraphe

Il doit permettre d'identifier très rapidement votre niveau de formation et le type de candidature effectuée : spontanée ou en réponse à une annonce ; pour un emploi ou pour un stage ; et, pour un stage, sa nature (conventionné ou non), la date de début et la durée.

Deuxième paragraphe
Exprimez votre intérêt pour le poste visé et l'entreprise à laquelle vous vous adressez ainsi que la pertinence de votre candidature (vos qualités, vos savoir-faire, vos acquis d'expérience).

Troisième paragraphe
Demandez un entretien : faites preuve d'enthousiasme à l'idée de rencontrer votre recruteur et de pouvoir lui expliquer de vive voix l'envie et la motivation qui vous animent. Précisez que vous vous tenez à sa disposition.

Je m'entraîne

1. Vous envoyez une lettre de motivation à une entreprise afin de postuler à un stage dans le cadre de votre première année de préparation au BTS. Rédigez cette lettre en tenant compte des conseils ci-dessus et des critères propres à la situation de stage (durée, stage d'observation ou de mise en pratique, présentation de votre formation et rôle du stage...).

2. Vous envoyez une lettre de motivation à une entreprise afin de postuler à un emploi pour l'été prochain. Rédigez cette lettre en tenant compte des conseils ci-dessus et des critères propres à l'emploi visé (durée, mise en valeur de la pertinence de votre profil pour le poste, etc.).

Table des chapitres[1]

Chap. 1. Peut-on encore croire les médias ?

Entrée par l'image 13

1. Pour une éthique de l'information
Document 1 : SNJ, « Charte des devoirs professionnels des journalistes français » 13
Document 2 : Daniel Cornu, *Journalisme et Vérité : l'éthique de l'information au défi du changement médiatique* 15
Document 3 : Ryszard Kapuściński, *Autoportrait d'un reporter*.. 19
Document 4 : dessin de Mutio 22

2. L'objectivité journalistique en question
Document 5 : Pierre Bourdieu, *Sur la télévision* 23
Document 6 : Daniel Schneidermann, *Du journalisme après Bourdieu* 25
Document 7 : Pierre Albert, *La Presse française* 27
Document 8 : Edgar Allan Poe, « Comment s'écrit un article à la Blackwood » 30

3. La légitimité de l'information à l'heure du numérique
Document 9 : Interview d'Ignacio Ramonet par Frédérique Roussel, « Le journalisme est pris dans un affolement » 32
Document 10 : Yves Eudes, « Un blogueur peut en cacher un autre » 35

---

1. Dans cette table, seuls les documents faisant l'objet de questions d'analyse sont répertoriés ; les documents iconographiques fournis à titre illustratif (comme l'affiche de Reporters sans frontières, p. 18) n'y figurent pas.

Document 11 : Dominique Cardon, « Vertus démocratiques de l'Internet » 38
Prolongements 41

Chap. 2 : Les liens sociaux à l'heure du numérique

Entrée par l'image 43

1. Des identités virtuelles
Document 1 : Pierre Mercklé, *Sociologie des réseaux sociaux* (1) 43
Document 2 : Anna-Lou Bouvet, Laïla Douiri, « Les Avatars : affirmation de soi en ligne ou narcose narcissique ? » 45
Document 3 : Jean-Philippe Blondel, *Blog* 48
Document 4 : dessin de Martin Vidberg 49

2. De nouveaux liens sociaux
Document 5 : Antonio A. Casilli, *Les Liaisons numériques : vers une nouvelle sociabilité ?* 51
Document 6 : Dominique Cardon, *La Démocratie Internet : promesses et limites* 53
Document 7 : Pascal Lardellier, « Textos : la novlang du cœur » 56
Document 8 : Daniel Glattauer, *Quand souffle le vent du nord* 60

3. Un usage plus démocratique de la parole ?
Document 9 : Pierre Mercklé, *Sociologie des réseaux sociaux* (2) 62
Document 10 : Fabien Granjon, « Le Web fait-il les révolutions ? » 65
Document 11 : No One Is Innocent, « Revolution.com » 69
Prolongements 70

Chap. 3 : Faut-il fixer des limites à la science dans sa maîtrise de l'humain ?

Entrée par l'image 73

1. La procréation humaine en question

Document 1 : Hélène Bry, « Ce qu'il faut retenir des lois de bioéthique » 73
Document 2 : René Frydman, « Un plan pour la procréation médicale assistée » 76
Document 3 : Jean-Yves Nau, « Pour quelles raisons pourrait-on vouloir cloner l'être humain ? » 79
Document 4 : Aldous Huxley, *Le Meilleur des mondes* 82

2. Le spectre de l'eugénisme

Document 5 : René Frydman, « La Procréatique » 84
Document 6 : Gilbert Charles, « La Tentation de l'eugénisme » ... 87
Document 7 : Jürgen Habermas, *L'Avenir de la nature humaine : vers un eugénisme libéral ?* 89
Document 8 : dessin de Deligne 92

3. Vers une marchandisation du vivant ?

Document 9 : Pauline Fréour, « Le premier "bébé médicament" français est né » 93
Document 10 : rapport du Sénat, « Contribution à la réflexion sur la maternité pour autrui » 96
Document 11 : Yanick Villedieu, « Transplantations d'organes : vers la "marchandisation" ? » 98
Document 12 : Pierre Bordage, « Nouvelle Vie™ » 101
Prolongements 103

Chap. 4 : Au cœur des banlieues

Entrée par l'image 105

1. « Au ban du lieu » – une représentation à forte connotation négative

Document 1 : Éric Cobast, « Banlieue » 105
Document 2 : Sylvie Tissot, « L'Invention des "quartiers sensibles" » 107
Document 3 : Grand Corps Malade, « Je viens de là » 110

Document 4 : Zouhour Messili, Hmaid Ben Aziza, « Langage et exclusion. La langue des cités en France » 112

2. De la tentation du repli communautaire à l'expression de la révolte

Document 5 : Akram B. Ellyas, « Replis communautaires à Sarcelles » 115
Document 6 : Onzus, « Enquêtes cadre de vie et sécurité » (INSEE) 117
Document 7 : Léonora Miano, « Filles du bord de ligne » 119
Document 8 : Laurent Mucchielli, *Quand les banlieues brûlent : retour sur les émeutes de novembre 2005* 121

3. Politiques de développement

Document 9 : Jean-Marc Stébé, *La Crise des banlieues* 124
Document 10 : Willy Le Devin, « Perfusion qatarie pour les quartiers » 127
Document 11 : Jean-Philippe Defawe, « Urgence des banlieues : la réponse des architectes » 130
Document 12 : la Cité à radieuse à Rezé 133
Prolongements 134

Chap. 5 : Peut-on être heureux au travail ?

Entrée par l'image 137

1. Du bonheur de travailler

Document 1 : Jean de La Fontaine, « Le Laboureur et ses Enfants » 137
Document 2 : Gérard Regnault, *Le Sens du travail* 139
Document 3 : Jean-Luc Nothias, Pascale Senk, « Ce qui rend heureux au travail » 140

2. Les raisons d'une souffrance

Document 4 : Christophe Dejours, *Souffrance en France : la banalisation de l'injustice sociale* 143
Document 5 : Émile Zola, *L'Assommoir* 146

Document 6 : Charlie Chaplin, *Les Temps modernes* ; Lewis Hine... 149
Document 7 : Sophie Des Déserts, « Harcèlement moral : la nouvelle donne » 150

3. Peut-on se réconcilier avec le travail ?
Document 8 : Robert Rochefort, « Se réconcilier avec la "valeur travail" » 153
Document 9 : Thierry Pech, « Les Français et le travail, je t'aime moi non plus » 156
Document 10 : Michel Vinaver, *Les Travaux et les Jours* 159
Document 11 : sondage sur le bonheur au travail (Opinon-Way) 162
Prolongements 163

Chap. 6 : Les rapports entre générations

Entrée par l'image 165

1. Nature des liens entre générations (dans l'espace familial)
Document 1 : Hervé Copitet, « Patrimoine, transmission et filiation » 165
Document 2 : François Rabelais, *Pantagruel* 167
Document 3 : Pierre Bourdieu, *La Misère du monde* 170
Document 4 : publicité Patek Philippe 172

2. Le conflit des générations
Document 5 : Guy Foissy, *Le Discours du père* 174
Document 6 : Senioractu, « Seniors *vs* jeunes : vers un conflit des générations compte tenu du ralentissement économique ? » 177
Document 7 : Xavier Molénat, « Vers une fracture générationnelle » 178

3. Vers de nouvelles relations intergénérationnelles ?
Document 8 : Gérard Mermet, *Francoscopie 2010* 182
Document 9 : Claudine Attias-Donfut, Martine Segalen, *Grands-parents : la famille à travers les générations* 184

Document 10 : Alain Cordier, Annie Fouquet, « La Famille, espace de solidarité entre les générations » 187
Document 11 : sondage sur les relations entre générations (CSA/Conseil économique et social) 190
Prolongements 191

Chap. 7 : Le sport est-il encore porteur d'un idéal ?

Entrée par l'image 193

1. Les idéaux du sport
Document 1 : Homère, *Iliade* 193
Document 2 : CIO, « Charte olympique » 195
Document 3 : José Maria de Heredia, « Le Coureur » 198
Document 4 : Georges Vigarello, « La Force du mythe » 199

2. Les dérives du sport
Document 5 : Isabelle Queval, *Le Sport : petit abécédaire philosophique* 201
Document 6 : Paul Veyne, *Le Pain et le Cirque : sociologie historique d'un pluralisme politique* 204
Document 7 : Laurent Mauvignier, *Dans la foule* 206
Document 8 : dessin de Philippe Tastet 209

3. Un modèle sur la sellette
Document 9 : Jean Giono, « Le Sport » 210
Document 10 : Albert Jacquard, *Abécédaire de l'ambiguïté. De Z à A : des mots, des choses et des concepts* 212
Document 11 : Gustave Thibon, *L'Équilibre et l'Harmonie* ... 215
Prolongements 217

Chap. 8 : Quel est le rôle de l'homme dans l'avenir de la planète ?

Entrée par l'image 219

1. L'homme : une menace pour l'écosystème
Document 1 : Hans Jonas, « Philosophie. Regard en arrière et regard en avant à la fin du siècle » 219
Document 2 : Centre d'information sur l'eau, « L'État des ressources » 222
Document 3 : Jean-Christophe Rufin, *Le Parfum d'Adam* 224
Document 4 : carte « Possibles effets d'un réchauffement climatique » 227

2. De nouvelles formes de pollution ?
Document 5 : WWF-France, *Guide pour un système d'information éco-responsable* 229
Document 6 : Gilles-Éric Séralini, *Tous cobayes !* 232
Document 7 : Carole Bibily, « Tout comprendre sur le gaz de schiste » 235

3. Prise de conscience et actions pour « sauver » la planète
Document 8 : La Documentation française, « Le Développement durable en France : de la stratégie nationale au Grenelle de l'environnement » 239
Document 9 : Gabrielle Bentejac, « Crève ordure ! » 242
Document 10 : Mickey 3D, « Respire » 245
Document 11 : planche de Binet, *Les Bidochon sauvent la planète* 248
Prolongements 250

Table des documents par genre[1]

Essais

Chap. 1
Daniel Cornu, *Journalisme et Vérité : l'éthique de l'information au défi du changement médiatique* 15
Ryszard Kapuściński, *Autoportrait d'un reporter* 19
Pierre Bourdieu, *Sur la télévision.* 23
Daniel Schneidermann, *Du journalisme après Bourdieu* 25
Pierre Albert, *La Presse française* 27

Chap. 2
Pierre Mercklé, *Sociologie des réseaux sociaux* (1) 43
Antonio A. Casilli, *Les Liaisons numériques : vers une nouvelle sociabilité ?* 51
Dominique Cardon, *La Démocratie Internet : promesses et limites* 53
Pierre Mercklé, *Sociologie des réseaux sociaux* (2) 62

Chap. 3
Jürgen Habermas, *L'Avenir de la nature humaine : vers un eugénisme libéral ?* 89

Chap. 4
Éric Cobast, « Banlieue » 105

---

[1]. Dans cette table, seuls les documents faisant l'objet de questions d'analyse sont répertoriés ; les documents iconographiques fournis à titre illustratif (comme l'affiche de Reporters sans frontières, p. 18) n'y figurent pas.

Laurent Mucchielli, *Quand les banlieues brûlent : retour sur les émeutes de novembre 2005* 121
Jean-Marc Stébé, *La Crise des banlieues* 124

Chap. 5
Gérard Regnault, *Le Sens du travail* 139
Christophe Dejours, *Souffrance en France : la banalisation de l'injustice sociale* 143

Chap. 6
Pierre Bourdieu, *La Misère du monde* 170
Gérard Mermet, *Francoscopie 2010* 182
Claudine Attias-Donfut, Martine Segalen, *Grands-parents : la famille à travers les générations* 184

Chap. 7
Georges Vigarello, « La Force du mythe » 199
Isabelle Queval, *Le Sport : petit abécédaire philosophique* 201
Paul Veyne, *Le Pain et le Cirque : sociologie historique d'un pluralisme politique* 204
Jean Giono, « Le Sport » 210
Albert Jacquard, *Abécédaire de l'ambiguïté. De Z à A : des mots, des choses et des concepts* 212
Gustave Thibon, *L'Équilibre et l'Harmonie* 215

Chap. 8
Hans Jonas, « Philosophie. Regard en arrière et regard en avant à la fin du siècle » 219
Gilles-Eric Séralini, *Tous cobayes !* 232

Articles de presse

Chap. 1
Interview d'Ignacio Ramonet par Frédérique Roussel, « Le journalisme est pris dans un affolement » 32
Yves Eudes, « Un blogueur peut en cacher un autre » 35
Dominique Cardon, « Vertus démocratiques de l'Internet » 38

Chap. 2

Anna-Lou Bouvet, Laïla Douiri, « Les Avatars : affirmation de soi en ligne ou narcose narcissique ? » 45

Pascal Lardellier, « Textos : la novlang du cœur » 56

Fabien Granjon, « Le Web fait-il les révolutions ? » 65

Chap. 3

Hélène Bry, « Ce qu'il faut retenir des lois de bioéthique » 73

René Frydman, « Un plan pour la procréation médicale assistée » 76

Jean-Yves Nau, « Pour quelles raisons pourrait-on vouloir cloner l'être humain ? » 79

René Frydman, « La Procréatique » 84

Gilbert Charles, « La Tentation de l'eugénisme » 87

Pauline Fréour, « Le premier "bébé médicament" français est né » 93

Yanick Villedieu, « Transplantations d'organes : vers la "marchandisation" ? » 98

Chap. 4

Sylvie Tissot, « L'Invention des "quartiers sensibles" » 107

Zouhour Messili, Hmaid Ben Aziza, « Langage et exclusion. La langue des cités en France » 112

Akram B. Ellyas, « Replis communautaires à Sarcelles » 115

Willy Le Devin, « Perfusion qatarie pour les quartiers » 127

Jean-Philippe Defawe, « Urgence des banlieues : la réponse des architectes » 130

Chap. 5

Jean-Luc Nothias, Pascale Senk, « Ce qui rend heureux au travail » 140

Sophie Des Déserts, « Harcèlement moral : la nouvelle donne » .. 150

Robert Rochefort, « Se réconcilier avec la "valeur travail" » 153

Thierry Pech, « Les Français et le travail, je t'aime moi non plus » 156

Chap. 6

Hervé Copitet, « Patrimoine, transmission et filiation » 165

Senioractu, « Seniors *vs* jeunes : vers un conflit des générations compte tenu du ralentissement économique ? » 177

Xavier Molénat, « Vers une fracture générationnelle » 178
Chap. 8
Carole Bibily, « Tout comprendre sur le gaz de schiste » 235
Gabrielle Bentejac, « Crève ordure ! » 242

Textes de référence

Chap. 1
SNJ, « Charte des devoirs professionnels des journalistes français » 13
Chap. 3
Rapport du Sénat, « Contribution à la réflexion sur la maternité pour autrui » 96
Chap. 6
Alain Cordier, Annie Fouquet, « La Famille, espace de solidarité entre les générations » 187
Chap. 7
CIO, « Charte olympique » 195
Chap. 8
Centre d'information sur l'eau, « L'État des ressources » 222
La Documentation française, « Le Développement durable en France : de la stratégie nationale au Grenelle de l'environnement » 239

Récits

Chap. 1
Edgar Allan Poe, « Comment s'écrit un article à la Blackwood » 30
Chap. 2
Jean-Philippe Blondel, *Blog* 48
Daniel Glattauer, *Quand souffle le vent du nord* 60
Chap. 3
Aldous Huxley, *Le Meilleur des mondes* 82
Pierre Bordage, « Nouvelle Vie™ » 101

Chap. 4
Léonora Miano, « Filles du bord de ligne » 119
Chap. 5
Émile Zola, *L'Assommoir* 146
François Rabelais, *Pantagruel* 167
Chap. 7
Homère, *Iliade* 193
Laurent Mauvignier, *Dans la foule* 206
Chap. 8
Jean-Christophe Rufin, *Le Parfum d'Adam* 224

Poésies, chansons

Chap. 2
No One Is Innocent, « Revolution.com » 69
Chap. 4
Grand Corps Malade, « Je viens de là » 110
Chap. 5
Jean de La Fontaine, « Le Laboureur et ses Enfants » 137
Chap. 7
José Maria de Heredia, « Le Coureur » 198
Chap. 8
Mickey 3D, « Respire » 245

Théâtre

Chap. 5
Michel Vinaver, *Les Travaux et les Jours* 159
Chap. 6
Guy Foissy, *Le Discours du père* 174

Photographies

Chap. 1
Paul Hausen et Nathan Weber, Haïti, 19 janvier 2010 (cahier photos, p. 1) 13
Chap. 4
Cité radieuse à Rezé 133
Chap. 5
Lewis Hine.. 149
Chap. 7
Jeux olympiques de Berlin en 1936 et Jason Wening (cahier photos, p. 7) 193
Chap. 8
Photographies de la catastrophe de l'*Erika* (cahier photos, p. 8) 219

Peintures

Chap. 5
Gustave Caillebotte, *Les Raboteurs de parquet* (cahier photos, p. 5) 137
Chap. 6
Peter Paul Rubens, *Saturne dévorant un de ses fils* (cahier photos, p. 6) 165

Dessins de presse, bande dessinée

Chap. 1
Dessin de Mutio 22
Chap. 2
Dessin de Martin Vidberg 49
Chap. 3
Dessin de Deligne 92
Chap. 4
Dessin de Lasserpe (cahier photos, p. 4) 105

Chap. 6
Dessin de Plantu (cahier photos, p. 6) 165
Chap. 7
Dessin de Philippe Tastet 209
Chap. 8
Binet, *Les Bidochon sauvent la planète* 248

Films

Chap. 2
Nora Ephron, *Vous avez un message* et David Fincher, *The Social Network* (cahier photos, p. 2) 43
Chap. 3
Andrew Niccol, *Bienvenue à Gattaca* (cahier photos, p. 3) 73
Chap. 5
Charlie Chaplin, *Les Temps modernes* 149

Affiche, publicité

Chap. 4
« Talents des cités » (cahier photos, p. 4) 105
Chap. 6
Publicité Patek Philippe 172

Graphiques, documents chiffrés, carte

Chap. 4
Onzus, « Enquêtes cadre de vie et sécurité » (INSEE) 117
Chap. 5
Sondage sur le bonheur au travail (Opinion-Way) 162
Chap. 6
Sondage sur les relations entre générations (CSA/Conseil économique et social) 190
Chap. 8
Carte « Possibles effets d'un réchauffement climatique » 227

Mise en page par Meta-systems
59100 Roubaix

N° d'édition : L.01EHRN000350.C002
Dépôt légal : août 2013